କେତେ ଦିନର

କେତେ ଦିନର

ରମାକାନ୍ତ ରଥ

ବ୍ଲାକ୍ ଇଗଲ୍ ବୁକ୍ସ
ଭୁବନେଶ୍ୱର, ଓଡ଼ିଶା

BLACK EAGLE BOOKS
Dublin, USA

କେତେ ଦିନର / ରମାକାନ୍ତ ରଥ

ବ୍ଲାକ୍ ଇଗଲ୍ ବୁକ୍ସ : ଭୁବନେଶ୍ୱର, ଓଡ଼ିଶା • ଡବ୍ଲିନ୍, ଯୁକ୍ତରାଷ୍ଟ୍ର ଆମେରିକା

BLACK EAGLE BOOKS

USA address:
7464 Wisdom Lane
Dublin, OH 43016

India address:
E/312, Trident Galaxy, Kalinga Nagar,
Bhubaneswar-751003, Odisha, India

E-mail: info@blackeaglebooks.org
Website: www.blackeaglebooks.org

First International Edition Published by
BLACK EAGLE BOOKS, 2023

KETE DINARA
by **Ramakanta Rath**

Copyright © **Ramakanta Rath**

All rights reserved. No part of this publication may be reproduced, stored in a retrieval system, or transmitted, in any form or by any means, electronic, mechanical, photocopying, recording or otherwise without the prior permission of the publisher.

Cover & Interior Design: Ezy's Publication

ISBN- 978-1-64560-414-3 (Paperback)

Printed in the United States of America

ସୂଚୀ

କେତେ ଦିନର

ବହୁ ଦିନର

ଭୟ	୦୯
ବାଘାବଲୋକନ	୧୦
ଗୋଟିଏ ସ୍ୱପ୍ନ	୧୨
ଗରୁଡ଼	୧୪
ପାରିଷଦର ରାତ୍ରି	୧୬
ଘଣ୍ଟା	୨୦
ଚିଲ	୨୪
ଚନ୍ଦ୍ରମାର ଚୁଡ଼ି	୨୯
ଧର୍ମପଦର ଆତ୍ମହତ୍ୟା	୩୩
ପୁତ୍ତଳିକା	୩୬
ପତ୍ର	୪୦
ପରାସ୍ତ ମୁହୂର୍ତ୍ତ	୪୧
ନବଗୁଞ୍ଜର	୪୪
ଅରୁନ୍ଧତୀ	୪୮
ଖରା	୫୦
ଲଣ୍ଠନ	୫୧
ଚଣ୍ଡୀ ପ୍ରତି	୫୨
ଆଲାପ	୫୪

ଅଛ ଦିନର

ମଟର ଭିତରୁ ରାସ୍ତାର ସୌନ୍ଦର୍ଯ୍ୟ	୬୧
ଗୋଟିଏ ଘର ସମ୍ପର୍କରେ	୬୩
ଅବୋଲକରା	୬୫
ପତଙ୍ଗ	୬୭
ଦିଲ୍ଲୀ (ରାତି)	୬୯
ବୋଇତ ବନ୍ଦାଣ	୭୨
ଯୋଡ଼େ ଚମ୍ପୂ	୭୪
ଛାୟା ଚୁମ୍ବନ	୭୬
ଆତ୍ମଜ୍ଞାନ	୭୮
ଅନ୍ଧାର	୮୦
ବୃତ୍ତ	୮୨
ପବନ ଓ ମୁଁ	୮୪
ଚଉପହରା	୮୬
ଦୁଇଟି ଗୀତ	୯୫
ଅନ୍ୟଦିନ	୯୭
ଇନ୍ଦ୍ରଧନୁ	୯୯
ପକ୍ଷୀ	୧୦୧
ନଭେମ୍ବର-୩୦, ଡିସେମ୍ବର-୧	୧୦୪
ଦଶହରା ୧୯୬୧	୧୦୬
ଦ୍ୱିତୀୟ ମଧ୍ୟାହ୍ନ	୧୦୭
ପୃଷ୍ଠବନ୍ଧ	୧୦୯

ବହୁ ଦିନର

ଭୟ

ଠିକ୍ ଯେତେବେଳେ ରାତି ହୋଇଥିଲା ବାର
ନିର୍ଜନ ପଥେ ଯାତାୟାତ ନାହିଁ କାହାର
ସେତେବେଳେ ମୁଁ ଗୋ ଅବଶ ଚରଣେ ଚାଲିଲି,
ପରିଚିତ ଘର, ଦୋକାନ ରହିଲା ପଛରେ,
ଚାଲି ଚାଲି ଯେବେ ସାରା ସହରଟା ଘୂରିଲି
ମତେ ଜଣାଗଲା ପଛେ ମୋର କିଏ ଆସୁଚି
ମୋର ଗତିପଥ ନିରେଖି ନିରେଖି ଦେଖୁଚି ।

ପଶ୍ଚାତେ ମୁଁ ଗୋ ଲେଉଟି ଚମକି ଚାହିଁଲି,
କଲିଜା ବରଫ ହୋଇଗଲା ଯାହା ଦେଖିଲି,
ସାରା ଜୀବନର ନିଷ୍ଠୁରଭାବ ମୋହର
ସବୁ ସଇତାନୀ ଛଳନା ଫିସାଦୀ ହିଂସ୍ରତା
ଭୟାତୁର ହେଲା ଦର୍ଶନ ଯୋଗୁଁ ତାହାର ।
ମେଷଛୁଆ ଏକ ଧୀରେ ଧୀରେ ପଛେ ଚାଲିଛି,
ନିରୀହତା ଅବା ମୋଲାଗି ଏ ରୂପ ଧରିଚି !

ତୁମ ରାଣ ସଖି, ହିଂସ୍ର ମୋହର ମରମ
ନିରୀହତାଠାରୁ ଭୟ ଲଭିଥିଲା ଚରମ,
ଶାନ୍ତିର ଛୁରୀ ଅବା ମୋ ହୃଦୟେ ମାରିଲା
ଛାର ମେଷଛୁଆ ଉପହସି ମୋର ବୈରତା,
ସେଦିନୁଁ କାହିଁକି ସବୁବେଳେ ଡର ଲାଗିଲା,
ଏକା ହୋଇ ମୁହିଁ ସେପଥେ ଯେବେ ଗୋ ଯାଉଚି
ମତେ ଜଣାଯାଏ ମେଷଛୁଆ ଅବା ଆସୁଚି !

ବାଘାବଲୋକନ

ମୁଁ ଦେଖିନି ତାକୁ ଏକ ଜଙ୍ଗଲର ନିରୋଳା ଗୁମ୍ଫାରେ
ମୁଁ ଦେଖିନି ତାକୁ ଏକ ମୃଗଯୂଥେ ପଶୁପତି ସମ
ଅମାବାସ୍ୟା ରଜନୀରେ ମଦ୍ୟପାୟୀ ଝଡ଼ର ପାଛୁଡ଼ା
ତଳେ ମୁଁ ଦେଖିନି ତା'ର ସମୁଜ୍ଜ୍ୱଳ ଦୁଇଟି ନୟନ,
ବାଉଁଶ ବୁଦାର ତଳୁ ଛପି ଛପି ଲମ୍ଫ ଦେଲାବେଳେ
ମୁଁ ଦେଖିନି ମୂର୍ତ୍ତିମାନ ମରଣର ଭୟାନକ ନାଚ,
ମୁଁ ଦେଖୁଚି ତାକୁ ଏକ କାପୁରୁଷ ଦର୍ଶକ ଭାବରେ
ଆସ୍ଥାନ ମୋହର ଏଇ ଗ୍ୟାଲେରୀର ତୃତୀୟ ପାହାଚ।

ନିରାପଦ ଦୂରତ୍ୱରୁ ମୁଁ ଦେଖୁଚି ଆୟତନ ତା'ର
ହଳଦିଆ ପଶମରେ ପଟା ପଟା କଳାର ଚିତ୍ରଣ,
ଛୁରୀପରି ନଖ ସବୁ ଚରଣର ଛୁରୀଖୋଳ ତଳେ
ଉପଭୋଗ କରୁଥିଲେ ବ୍ୟବହାରବିହୀନ ଜୀବନ।

କଙ୍କାଳର ମୁହିଁ ଯଦି ମାଂସ ଆଉ ଲହୁଯୁକ୍ତ ହୁଏ
ଆଖିରେ ଯଦିବା ତା'ର ଭର୍ତ୍ତିହୁଏ ଆଗ୍ନେୟ ଗରଳ
ତେବେ ବୋଧେ ମୁଁ ଦେଖିବି ସମାନ୍ତର ଦୁଇଗୋଟି ଛବି
ଏ ବାଘର ମୁଖ ଯେଣୁ ସେହିପରି ଦିଶେ ଅବିକଳ।

ଗଡ଼ଜାତି ଜଙ୍ଗଲରେ ଶୋଇ ଶୋଇ ହାଇମରା ରଜା
ଅଳସ କୁହାଟ ଯାର ଚିରିଦିଏ ପାହାଡ଼ର ଛାତି
ଘାଟିବାଟେ ଏକୁଟିଆ ବାଟୋଇର କଳିଜା ଭିତରେ
ନିଆଁର ବନାଟି ପରି ଘୂରି ଘୂରି ଚମକାଏ ଭୀତି,

ମାତ୍ର ଏକ ଗର୍ଜନରେ ସମୁଦାୟ ଉପତ୍ୟକା ଅବା
ବହୁଧା ବିଦୀର୍ଣ୍ଣ ହୁଏ ! ପାହାଡ଼ର ପାଦଦେଶେ ତା'ର
ବାଘୁଣୀ ଉତ୍ତର ଦିଏ, ଅରଣ୍ୟର ହୃତ୍‌ପିଣ୍ଡ ଭିତରେ
ଦୁଇଟି ଗର୍ଜ୍ଜନ ଆଣେ ଦୁଇଲକ୍ଷ ଜାହାଜ ଭୟର।

ହରିଣର ଛୁଆ ତା'ର ମାଆସ୍ତନେ ଗୁଞ୍ଜିଦିଏ ମୁଖ,
ସ୍ତନନ୍ଧୟ ଶାବକର ଦେହ ରଖି ତଳିପେଟ ତଳେ
ପାହାଡ଼ର ଖୋଲ ଅବା ନାମହୀନ ବୁଦାର ଭିତରୁ
ଶଙ୍କିତ ନୟନେ ତା'ର ମାତା ଚାହେଁ ଗଛର ଗହଳେ।

ପତରର ଫାଙ୍କେ ଫାଙ୍କେ ଝରିପଡ଼େ ତାରାର ଆଲୁଅ
ବଣପକ୍ଷୀ କୋରଡ଼ରେ ଘୁମୁରଇ ଗହମ ନିଦରେ,
ନିକଟସ୍ଥ ଜନପଦେ ବଧୂ ତା'ର ପ୍ରିୟର ଶରୀରେ
ପ୍ରାୟ ପୂରା ମିଶିଯାଏ, ଲୁଗା ହଜେ ରାତିର ଅଧରେ।

ମୁଁ କିନ୍ତୁ ଦେଖୁଚି ତାକୁ ଗ୍ୟାଲେରୀର ତୃତୀୟ ପାହାଚୁ
ଭଗ୍ନ ଏକ ସ୍ୱାସ୍ଥ୍ୟ ନେଇ ବ୍ୟାୟାମରେ ପେଟ ପୋଷେ ତା'ର,
ଦେଖୁଁ ଦେଖୁଁ ମନେପଡ଼େ ପିଲାଦିନେ ପଢ଼ିଥିବା ଗୀତ,
"ଆଜି ଯେ ରାଜେନ୍ଦ୍ରାସନେ କାଲି ସେ ଫକୀର।"

ଗୋଟିଏ ସ୍ୱପ୍ନ

ମୁଁ ସ୍ୱପ୍ନ ଦେଖୁଚି ଏକ ତିନିତାଲା କୋଠାର ଉପରୁ
ଲମ୍ଫ ଦେଇ ମୁଁ କରୁଛି ନିଜ ହାତେ ମାରିବା ପ୍ରୟାସ,
କାଳେ ମୁଁ କରିବି ଭୟ ଏଥିଲାଗି ଦ୍ରଷ୍ଟା ତିନିଜଣ
କୋଠାପାଖେ ଛିଡ଼ାରହି କରୁଥିଲେ ଦୁଷ୍ଟ ଉପହାସ।

ତା'ପରେ ମୁଁ ଅନୁଭବ କରୁଥିଲି ମୁଁ ନୁହେଁ ଜୀବିତ।
ନିରୋଳା ସଡ଼କେ ଏକ ଦ୍ରୁତଗାମୀ ରେଳଗାଡ଼ି ଯାଏ,
ରେଳଗାଡ଼ି ପଛେ ପଛେ ଛୁଟିଲି ମୁଁ ଦ୍ରୁତ ପଦକ୍ଷେପେ
କିଛିକ୍ଷଣ ପରେ ତା'ର ସତ୍ତା ଆଉ ନ ଥିଲା ଟୋପାଏ।

ମୁଁ ଦେଖିଲି ତାହାପରେ ସ୍ନାନରତ ଲୋକ କେତେଜଣ।
ତା'ଭିତରୁ ଜଣେ ମତେ ପଚାରୁଛି ମାମୁଲି ଭାଷାରେ,
"ଭଲ ଅଛ ? ତମେ କିଆଁ ଆତ୍ମହତ୍ୟା କରିଲ କୁହ ତ ?"
ମରିବା ଜୀଇଁବା ବୋଧେ ଏକା କଥା ତାହାର ସଂସାରେ।

ଆମେମାନେ ଫେରୁଥିଲୁ ସେ ନିରୋଳା ସଡ଼କ ଉପରେ
ଜଣେ ମତେ ପଚାରୁଚି, "ତମେ ପରା ସବୁଦିନ କହ,
ଏ ଦେହର ସୁଖଠାରୁ ପୃଥିବୀରେ ବଡ଼ କିଛି ନାହିଁ,
ଆଜି ତେବେ ନିଜହାତେ ନିଜମୃତ୍ୟୁ କାରଣ ବୁଝାଅ।"

ଡରି ଡରି ମୁଁ କହୁଚି (ମୁଁ ଜାଣୁଚି ମିଛ ମୋର କଥା)
          ମୁଁ କରିଲି ଆତ୍ମହତ୍ୟା, ଯେହେତୁ ମୁଁ ଅତି ଭଲପାଏ,
ଶରୀରକୁ। ଜୀବନ ଯେ ମୃତ୍ୟୁଠାରୁ ଭଲ
          ଏ ଧାରଣା ବାରମ୍ବାର ଭୟାର୍ତ୍ତ ମୋ ମନତଳ ଛୁଏଁ।

ମୁଁ ଭାବୁଚି ସବୁ ଦୁଃଖ, ସବୁ କ୍ଳେଶ, ସକଳ ଯାତନା
          ସହି ଯଦି ଧରିଥାନ୍ତି ଜୀବନ ମୁଁ ପୃଥିବୀ ଉପରେ,
ତେବେ ବୋଧେ ହୋଇଥାନ୍ତା ଅତି ଭଲ, ବ୍ୟାକୁଳେ ମୁଁ ଚାହେଁ
          ମୁଁ ଯଦି ପାରନ୍ତି ଜୀଇଁ ପୁନରାୟ ଧରଣୀରେ ଥରେ !

ତା'ପରେ ଯେ ଦେଖେ ମତେ ପଚାରୁଚି, "ତମେ କିଆଁ ନେଲ
          ନିଜହାତେ ନିଜପ୍ରାଣ ?" ଆଉ କିଏ ବନ୍ଧୁକୁ ତାହାର
ମତେହିଁ ଦେଖାଇ କହେ, ଏଇ ଅଟେ ରମାକାନ୍ତ ରଥ
          ନିଜହାତେ ମାରିଅଛି ମୂଲ୍ୟବାନ ଜୀବନ ତାହାର।"

ମୁଁ କହିପାରୁନି କିଛି, ଯେ ଦେଖୁଚି ସେ ହସୁଚି ସ୍ମିତ,
"ଭଲ ଅଛ ? ତମେ କିଆଁ ଆତ୍ମହତ୍ୟା କରିଲ କହ ତ ?"

ଗରୁଡ଼

ମଦ ପିଇ ଝଡ଼ରାତି ଗର୍ଜିଉଠେ ଥରାଇ ଆକାଶ
ସାଗରର ଢେଉ ସବୁ ଫାଟିପଡ଼େ କୂଳର ଉରସେ
ତମସା-ଉତ୍ତରୀ ଟାଣି ରାତି ରଚେ ରତିଶଯ୍ୟା ତା'ର
ବିଦ୍ୟୁତ୍‌ର ଦୀପ ଲିଭେ ଅଣଚାଶ ବତାସେ ନିମିଷେ ।

ସ୍ଫଟିକ ପାହାଡ଼ ଶିରେ କୁଢ଼କୁଢ଼ ସାପର କଙ୍କାଳ,
ଗଦାଗଦା ଶବ ତଳେ ନାଗଛୁଆ ଛଟପଟ ହୁଏ,
ପ୍ରାଣବାୟୁ ଯିବା ଆଗୁଁ ଅହିରାଜ ହୁଏ ମୋଡ଼ିଭିଡ଼ି
ମୃତକାୟ ଅଜଗର ବାମଦିଗେ ବିଛଣା ବିଛାଏ ।
ମହଣ ମହଣ ଧରି ଗରଳର ନେଳିଆ ଝରଣା
ପାହାଡ଼ର ଧଳା ଛାତି ଦେହେ ବହି ମିଶୁଚି ସାଗରେ
ରମଣୀର ସୀମାନ୍ତରେ ଚୂର୍ଣ୍ଣ କେଶ ରହିଥିଲା ପରି,
ଏତିକି ଗରଳ ସତେ ରହିଥିଲା ପୃଥିବୀ ଉପରେ !

ଗଡ୍‌ଡ଼ାଳିକାସମ ବହୁ ବିଷଦାନ୍ତ ସ୍ରୋତର ପ୍ରବାହେ
ଗଡ଼ିଗଡ଼ି ଝଡ଼ିପଡ଼େ ପାହାଡ଼ର ଚରଣ ପ୍ରାନ୍ତରେ
ଇରମ୍ମଦ ଚମକିଲେ ଦେଖାଯାଏ ପାହାଡ଼ର ପାଦେ
ସାତଟି ପାହାଡ଼ ଗଢ଼ା ଖାଲି ମୃତ ଭୂଜଗ ଦନ୍ତରେ !

ସେ ଯେ ଖାଲି ମାରିଚାଲେ ବୈମାତୃକ ସୋଦର ତାହାର,
ତୀକ୍ଷ୍ଣ ନଖେ ଚିରିଦିଏ କାଚପରି ମସୃଣ ଉଦର,
ମୁଷ୍ଟିର ଆଘାତେ ଚୁରେ କେତେ କୋଟି ଚିତ୍ରିତ ମସ୍ତକ
ଜିଘାଂସାର ସୁରା ପିଇ ସେ କରୁଛି ଭୁଜଙ୍ଗ-ସଂହାର।

ସେ କିନ୍ତୁ ରହିଚି ଏକା, ଅଗଣିତ ତାହାର ଅରାତି
ଅଗଣିତ ବିଷଦାନ୍ତ, ଅଗଣିତ ଗରଳ ପିଆଲା,
ସଂଖ୍ୟାହୀନ ପ୍ରତାରଣା, ମିଛ ଆଉ ଦଂଶନ-ପିପାସା,
ଯେତିକି ମାରିଲେ ମଧ୍ୟ ଦୁଇଗୁଣ ଅଧିକା ରହିଲା।

ବିଶ୍ୱାସଘାତକବାଦ ଚାରିପାଖେ ଜମି ଆସେ ତା'ର,
ସହବାସ ଲାଗି ଡାକେ ନାଗକନ୍ୟା ଭୁରୁକୁ ନଚାଇ,
ନଗ୍ନ ଜାନୁ, ନଗ୍ନ କୁଚ, ବେହରଣ ବିଦାୟ ନେଇଚି
ଶେଯକୁ ଦେଖାଏ ହାତ ମରଣର ସଂଗମ ସୂଚାଇ।

କପାଳରୁ ଝରୁଥିବା ସ୍ୱେଦ ସାଥେ ମିଶୁଚି ଜହର
ନିଗିଡ଼ିବ ଘର୍ମ ଯେବେ ତୃଷିତ ତା' ଅଧର ଉପରେ।
ଧମନୀ ଦୁର୍ବଳ ହେବ, ମୁଷ୍ଟି ତା'ର ହୋଇବ ଶିଥିଳ
ସେ ନିଜେ ପଡ଼ିବ ଶୋଇ ଶତ୍ରୁ ଲାଗି ତିଆରି କବରେ।

...ଅନିବାର୍ଯ୍ୟ ଏ ମରଣ, ଦ୍ୱିଧାହୀନ ଏଇ ପରାଜୟ,
ତଥାପି ସେ ପିଇ ଚାଲେ ମିଛଦେହୁଁ ନିଗାଡ଼ି ଶୋଣିତ,
ଏକା ହୋଇ ସେ ହାଣୁଚି ଦଳ ଦଳ ବିଶ୍ୱାସଘାତକ
ଆମପରି କେତେ ଭୀରୁ ନିରାପଦେ ହେବାକୁ ଜୀବିତ,
ସଂଗ୍ରାମ ଯେ ତାହାଲାଗି ବିଜୟର ଚରମ ମୁକୁଟ,
ବଞ୍ଚିବା ମରିବା ନେଇ ଭୀରୁଭାବେ ଦିବସ ରଜନୀ,
ନିଜର ଜୀବନ ଦେଇ କିଣିବ ସେ କିଛି ହେଲେ ସତ,
ସେତିକି, ସେତିକି ମାତ୍ର, ତାହା ଛଡ଼ା କିଛି ସେ ମାଗେନି।

ପାରିଷଦର ରାତ୍ରି

ନୀରବ ରାତିରେ ମୋର ପାଦ ଶବ୍ଦ ସିମେଣ୍ଟର ଚଟାଣ ଉପରେ
ବହୁଦୂର ଭାସିଯାଇ ବାଳକର କନ୍ଦୁକ ସମାନ
ଅନ୍ଧାରରେ ମରିଯାଏ, ଚାରିଆଡ଼େ ଚପା ଚପା ଗଳା,
ଅବରୁଦ୍ଧ ଶ୍ୱାସ ନେଇ ପଛୁଁ ମୋର କିଏ ଦିଏ ଗୋପନ ଆହ୍ୱାନ।

ଜୀବନର ଆତ୍ମାକୁ ବା ମରଣର ଫାଶୀକାଠେ ଲଟକାଇ ତା'ର
ତିଳ ତିଳ ମରଣକୁ ଉପଭୋଗେ ରାତିର ରାକ୍ଷସ,
ଗୋଲାପର ବାଗାନରୁ ଧଳା ନାଲି ଫୁଲର ପାହାଡ଼
ଚିପୁଡ଼ି ବା ତୃଷାତୁର ପଶୁ ପିଏ ନଈ ନଈ କୁସୁମ-ନିର୍ଯ୍ୟାସ।
କଳିଜାରୁ ପୋଛି ପୋଛି ଧଳା ରଙ୍ଗ, ବୋଳି ବୋଳି ରକ୍ତର ଆଲେଖ
ମତେ ମୁଁ ବୁଝାଇ ଚାଲେ ଏଇ ଭୟ କିଛି ନୁହେଁ, ନିହାତି ଅଳୀକ!

ମୁଁ ଯଦି କରିବି ଭୟ ଏଇ ମୋର ବିବେକର ଶୀତଳ ଶବର
ଶେଷକୃତ୍ୟ କିଏ ଆଉ କରିବ ଏ ଗଭୀର ନିଶିଥେ?
ଓଜନିଆ ଶବାଧାର ଶିର ପରେ ଲଦି ମୁଁ ଏକାକୀ
ଡରି ଡରି ଚାଲୁଅଛି, କଳିଜାକୁ ପଖାଳି ମୋ ବୁକୁର ରକତେ,
ଯେତେବେଳେ ଜୀଇଁଥିଲା ଏ ବିବେକ ମୋ ଛାତିର କୋଠରୀ ଭିତରେ
ଓଜନ ନ ଥିଲା ତା'ର, ଆଜି କିନ୍ତୁ ମରଣର ପରେ
ମହଣ ମହଣ ଖାଲି ଲୁହା ଆଉ ମାଟିର ଓଜନ
ଧରି ସେ ଉଠିଚି ଭରି, ବେକ ମୋର ଭାଙ୍ଗି ପଡ଼େ ସେ ବୋଝର ଭାରେ;
କିନ୍ତୁ ଏଇ ମୁହୂର୍ତ୍ତକ ଯନ୍ତ୍ରଣା ମୁଁ ଓଠ ଚାପି କରିବି ବହନ
ଆଜି ପରେ ନ ଥିବ ତ ବିବେକର ଅତ୍ୟାଚାର, ଅସହ୍ୟ ଦହନ।

ପଥ ପ୍ରାନ୍ତେ ଘାସଫୁଲ ନଇଁପଡ଼େ କାକରର ମୃଦୁଳ ଆଘାତେ
ମଥା ପୋତି ଦିଏ କି ସେ ଶବ ଲାଗି ଚରମ ସମ୍ମାନ।
ଦୂର ଦେବଦାରୁ ଡାଳେ ଗୁମୁରୁଚି ଭରତିଆ ପକ୍ଷୀ
ନୀରବ ଏ ଶୋଭାଯାତ୍ରା ଲାଗି ବାଜେ ଦେହଳୀ ବା ସଖାର କ୍ରନ୍ଦନ!

ଶାନ୍ତ ବାୟୁ ହାୟ ହାୟ ନିମିଷକେ ପାଲଟିଚି ସଚଳ, ମୁଖର
ଏ ଶବ୍ଦ ପାରିବ ତୋଳି ସୁଷୁପ୍ତିର ଚାଦର ଭିତରୁ
କୋଟି କୋଟି ନରନାରୀ (ସକଳେ ଯେ ମୁକୁଳା ଗବାକ୍ଷ)
ପାଶେ ରହି ଦେଖୁଥିବେ ବତି ଜାଳି) ମୁହଁ ତାଙ୍କ ପୁଷର ଶୀତରୁ,
ବିବେକର ହତ୍ୟାକାରୀ ବିବେକର ଶବ ବୋହି ନୀରବେ ଚାଲିଚି
ମାନସିକ ସ୍ୱାଧୀନତା ଗୋଲାମୀର ସୁଖ ଲାଗି ନିଜେ ହିଁ ବିକିଚି।

କୋଳାହଳ କମିଯାଏ, ଘାସଫୁଲ, ଭରତିଆ, ଜନତାର ହସ
ସାଗରର ଢେଉପରି ଏଇ ଦେଖ ଫେରୁଚି ପଶ୍ଚାତେ,
ବରଫ ସମାନ ପୁଣି ନୀରବତା ଜମାଟ ବାନ୍ଧୁଚି;
ସ୍ମୃତିର ଦରଜା ଖୋଲେ ଅପସ୍ୱପ୍ନ ପରି ମୋର ଅତୀତ ଆଘାତେ।

ସ୍ୱାଗତ କରିବା ଲାଗି ମନ ତଳେ ନାହିଁ ମୋର ତିଳେ ବି ସାହସ,
ତଥାପି ସେ ମରମର କୋଠରୀରେ ରଚିଲା ଆସ୍ଥାନ
ଗୀତ ପରି ଗାଇଯାଏ ଅତୀତର ଅସଂଖ୍ୟ କାହାଣୀ-
ବନ୍ଦ କର ! ବନ୍ଦ କର ! ଶୁଣିବାର ଧୈର୍ଯ୍ୟ ମୋର ଲଭିଚି ମରଣ
ମୁଁ ଏକ ପ୍ରେତାତ୍ମା ଖାଲି, ଦେହେ ମନେ ଜଳେ ମୋର ଅଗ୍ନିର ହୁତାଶ
ମିଛର ସାଗରେ ଯଦି ବୁଡେ ମୁହିଁ କେଜାଣି ବା ପାଇବି ଉଶ୍ୱାସ !

କେଉଁଦିନ ପଦେ ସତ କହି ମୁହିଁ ସାତଦିନ ରହିଲି ଉପାସେ-
ସେ ସବୁ କାଲିର କଥା; ଆଜି କିମ୍ବା ଉତ୍‌ଥାପନ ତା'ର ?
କେଉଁ ଦିନ ପିଠିଫଟା ବେତ ଖାଇ ପ୍ରଳାପ କରିଚି
"ଜୀବନ ନେଲେ ବି ତମେ ଶୁଣିବନି ପଦେ ମିଛ' ଅସୀମ ସାହସେ,
ସେ ସବୁ ପଡ଼ିଲେ ମନେ ଧାରଧାର କାଟି ହୁଏ ଆଜି ମୋ ହୃଦୟ
ରାଣ ଅଛି, ବନ୍ଦକର ଅତୀତର ସକଳ ପ୍ରସଙ୍ଗ
ମୁଁ ନିଜେ ପାରୁନି ଦେଖି କାଲି ଯାହା ଥିଲା ମୋର ଛବି;
ଆଜି ମୁଁ ନୂତନ ଜୀବ, ମୁଗ୍ଧ କରେ ଦାସତ୍ୱର ଚପଳ ଅପାଙ୍ଗ

ମଲ୍ଲୀର ଶେଯରେ ଶୋଇ ଭୁଲିଯିବି ଥାଏ କିଛି ବିବେକ ନାମରେ
ମିଛରେ ଜୀଇଁବି ପଛେ, ଭ୍ରମ କରି ନ ମରିବି ସତର କାମରେ।
ମୁଁ କି ନିଜେ ଦେଖି ନାହିଁ ତିଳେ ତିଳେ ଦିନରାତି ସତର ମରଣ ?
ଜୀବନରେ ସବୁଠାରୁ ପ୍ରିୟ ବୋଲି ମଣିଚି ଯାହାକୁ
ଯାହାର ଦୁର୍ବଳ ପ୍ରାଣେ ଜୀବନର ପ୍ରେରଣା ଢାଳିଲି
ସୁଧା ସମ ନେଲି ଯା'ର ପ୍ରତାରଣା, ଭ୍ରମ ନିଜ ଅଧର ପାଖକୁ
ଅପବାଦ ସବୁଯାକ ଭୁଲିଯାଇ ନିଜ ଲାଗି କିଣିଲି ଅଖ୍ୟାତି
ଦେହର ଲାଳସା ପୋଛି ବାରବାର କହିଲି କାନରେ
"ସତ ତମେ ଦେଖି ଶିଖ", ତାହାଠାରୁ ମିଳିଲା ବଞ୍ଚନା,
ସେ ଭାବିଲା ମୁଁ ଆସୁଚି ଧରି ଖାଲି ମଧୁଲିଟ ପିପାସା ମନରେ।

ଯେଉଁମାନେ ମିଛ କହି ବାସ୍ତବକୁ ତା' ଆଖିରେ କରିଲେ ବିକୃତ
ସେମାନେ ହୋଇଲେ ପୂଜ୍ୟ ! ସେଇମାନେ ତା' ଆଖିରେ ଦେବତା ପ୍ରକୃତ !
ଖେଳର ସାମଗ୍ରୀ ପରି ଯେଉଁମାନେ ତାକୁ ନେଇ ଖେଳିଲେ ପୁଲକେ
ମନକୁ ତା' କୀଟଦ୍ରଂଷ୍ଟ କରି ଏଇ ସମାଜ ଭିତରେ
ଛାଡ଼ିଗଲେ ସେଇମାନେ ସାଧୁବାଦ ଲାଗି ହକଦାର !
ସେ ନିଜେ ପଡ଼ିଲା ଲୋଟି ଢେଉ ସମ ମୋ ଛାତିରେ ବିଳପି କାତରେ
ଗୁପ୍ତଚର ସମ ଚୋରିକଲା ମୋର ସ୍ନେହ, ପ୍ରେମ, ସକଳ ମମତା,
ଜାଣି ଜାଣି କ୍ଷମା କଲି, କାଳେ ଦିନେ ସତ ସେ ବୁଝିବ !
ସତ କଥା ତେଣେ ଥାଉ, ସାଇରେନ୍ ସଙ୍ଗୀତ ଯେପରି
ନାବିକକୁ ପଥହରା କରି ଏକ ଡାହା ମିଛ, ସ୍ୱପ୍ନର ଆସବ
ଦେଇଥାଏ, ତାକୁ ଯେବେ ଦିଆଗଲା ଦଲାଲୀର ହୀନ ପ୍ରଲୋଭନ
ନିମିଷେ ଭୁଲିଲା ମତେ, ସତ, ଆଉ ବିଷମୁକ୍ତ ମଣିଷ ଜୀବନ।

ମୋ ଆଗରେ ତାହା ପରେ କୁଢ଼ା ଗଲା ଗଦାଗଦା ସୁନାର ପାହାଡ଼
ଅନ୍ଧାର ରାତିରେ ଏକ ରକ୍ତମୁଖା ବାଘର ନୟନ
ମେଘାଚ୍ଛନ୍ନ ଆକାଶରେ ମାତ୍ର ଏକ ଉଜ୍ଜ୍ୱଳ ତାରକା
ଅଜ୍ଞାତ ସାଗର ତଳେ ଶାମୁକାର କାରାଗାରେ ମୁକୁତା ସମାନ

ମୋ କୁଟୀରେ ଜଳୁଥିଲେ ହୀରା, ନୀଳା, ମୋତି ଆଉ ମାଣିକ୍ୟ ମର୍କତ
ସୌଦାଗରୀ ବିଳାସର ନିଧୁବନ୍ରୁ ଶୁଭିଲା ମୁରଲୀ
ସତର ବଡ଼ିମା କିପାଁ ? ସତ ପରା ମରାଗଲା ! କାତରେ ଦେଖିଲି
ବିରାଟ ଶ୍ମଶାନେ କ୍ଷିପ୍ତ ଦିନେ ମୋର ଅତି ପ୍ରିୟ ସତର କଙ୍କାଳ,
ଗୃଧ୍ର ଉଡ଼େ ଗଗନରେ, କ୍ଷିପ୍ତ ତାର ଶବ ଭିଣେ ଧୂସର ଶୃଗାଳ
ଖୁସାମତି, ପାଦଚଟା, ହାତଯୋଡ଼ା, ପ୍ରତିବାଦ-ବିହୀନ ବାଧ୍ୟତା
ଲାଭ ପାଇଁ ନୀରବରେ ଭାଟଗିରି କରିବା ବିଜ୍ଞାନ
ସବୁ ମତେ ଶିଖାଗଲା ସୁନା ଆଉ ସୁଖର ଭାଷାରେ
ମୁଁ ଦେଖିଲି ଯେତେଦିନ ବିବେକର ମୋ ଭିତରେ ରହିଚି ଜୀବନ
ଦୁଗ୍ଧପୋଷ୍ୟ ଶିଶୁ ସମ ଯେତେଦିନ ସ୍ୱାଧୀନତା ରହିଚି ଜୀବିତ
ସେତେଦିନ ନାହିଁ ମୋର ମିଛଠାରୁ ଯୌତୁକର ଆଶା
ସେତେଦିନ ବେତ୍ରାଘାତ, ଉପବାସ କପାଳ ଲିଖନ
ସେତେଦିନ ଦୂର ଏକ ଭବିଷ୍ୟତ ନିରେଖିବା କେବଳ ଭରସା ।

ଆଜି ମୁଁ ଚିପିଲି ତେଣୁ ବିବେକର ଗଳା ମୋର ପଥର ହାତରେ
ଶବ ତା'ର ବୋହିଚାଲେ ପଉଷର ରାତ୍ରି ଆଉ ପ୍ରବଳ ଶୀତରେ ।
ନୀରବ ରାତିରେ ମୋର ପାଦଶବ୍ଦ ସିମେଣ୍ଟ୍‌ର ଚଟାଣ ଉପରେ
ବହୁଦୂର ଭାସିଯାଇ ନଦୀବୁକେ ତରଣୀ ସମାନ
ଦିଗନ୍ତରେ ହଜିଯାଏ, ଚାରିଆଡ଼େ ଚପା ଚପା ଗଳା,
ରାକ୍ଷସର ଭୀଷଣତା ଧରି ଏକ ଭୟଙ୍କରେ ବଦନ ବ୍ୟାଦାନ
ଶାନ୍ତ ବାୟୁ ହାୟ ହାୟ ନିମିଷକେ ପାଲଟୁଚି ସଚଳ ମୁଖର,
ଶିଶୁସମ ଦୋଷହୀନ ସୁଷୁପ୍ତିରେ ଶୋଇଚି ବିବେକ
ଏ ନିଦ୍ରାର ଶେଷ ନାହିଁ; ଚିରନ୍ତନ ଏହାର ଆଶ୍ଳେଷ ।
ଜୀବନ ଯାଇଚି ହଜି, ଆଜିଠାରୁ ଜନ୍ମନେବ ପ୍ରଶସ୍ତିଗାୟକ
ମିଛ ପାଇଁ ଗାଇଯିବ କୋଟି କୋଟି ସ୍ତୁତିଗାଥା, ନୂଆ ରାମାୟଣ,
ନ ଦେଖିବା ଲୋକେ ଦେଖ, ଜୀବନର ପ୍ରକୋଷ୍ଠରେ ଜୀବନ୍ତ ମରଣ ।

ଘଣ୍ଟା

ଗତି ସେଇଠାରେ ବନ୍ଦ କର ରେ
ବନ୍ଦ କର !
ଆଗକୁ ଯିବାର ପ୍ରବଳ ବାସନା
ବନ୍ଦ କର !
ଏଗାରୁ ବା'ର ପାଞ୍ଚଟା ଘର
ଘଡ଼ି ଗୋଟାକରେ ଷାଠିଏ ଘର
ଆଖି ପଲକରେ ବୁଲି ଆସି ହେବ,
ବନ୍ଦ କର !
ସଦ୍ୟ ପ୍ରସୂତ ଜହ୍ନ ଉଠୁଚି
ବିଦାରି ମାତାର କୁମାରୀ ଯୋନି
ରକ୍ତର ଜଳେ ଗାଧୋଇ ପାଧୋଇ
ନିଠୁର ହାସ୍ୟ ଓଠରେ ଘେନି
ଆକାଶ ଗୋଟାକ ରକ୍ତ ଛିଡ଼ିକା
ଆକାଶ ଗୋଟାକ କେବଳ ତାରା
ଜ୍ୟୋତ୍ସ୍ନା ଯାହାକୁ ଦୁନିଆଁ କହୁଚି
ବିକଳ ଗୋଟାଏ ରକ୍ତ ଝରା !
ପାଦତଳେ ତୋର ପଡୁଛି ମିନିଟ କଣ୍ଟା ରେ !
ସେଇଠାରେ ଠିକ୍, ସେଇଠାରେ ତୋର
ଗତି-କ୍ଷିପ୍ରତା କାଟିଦେ'
ସମୟର ସବୁ ମାନ, ପରିମାଣ ମୁଠା ମୁଠା ଧରି
ପାତାଳ ଭିତରେ ଛାଟିଦେ
ଭାଇ ଛାଟି ଦେ !

ଧୀରତର ଗତିଶୀଳ, ସ୍ଥୂଳତର
ଘଣ୍ଟାର ଭୁଜ ! ବିଶ୍ରାମ ଆଜି ଘେନରେ,
ପାଦତଳେ ତୋର ପଡୁଚି ଗୋଟିଏ
ଦୁନିଆଁ ଜୁଆରେ ସକଳ ହାରିଲା ମନରେ,
ଗତି ଯେଣୁ ଧୀର, ଶୁଣିବା ପାଇଁ ତୋ'
ବହୁତ ସମୟ ରହିଚି
ସେଇଠାରେ ସଖା, ସେଇଠାରେ ରହ,
କହିବା ଲାଗି ମୁଁ ଅଣନିଶ୍ୱାସୀ ଧାଇଁଚି ।
ପାଦକୁ ତମର ସାପ ଦଂଶୁରେ
ପାନୀୟେ ଜହର ମିଶୁ
ମୃତ୍ୟୁ ସହିତ ସଙ୍ଗମ କରି
ଚୁମ୍ବନ ଖାଅ ପଶୁ !
ଗୋଟିଏ ଗାରରୁ ଆଉ ଗୋଟେ ଗାର
କେଡ଼େ ସହଜରେ ଯାଅରେ !
ଗତ ବିଲିତାର ଶବ-ପଟୁଆର
କେଡ଼େ ସମାରୋହେ ନିଅ ରେ !
କେତେ ଲୁହ, କେତେ କୋହ ଅଭିମାନ
ବାସୀ କରିଯାଅ ପଲକରେ
ଯୌବନେ ଲେଖ ଜରା-କୁଂଚନ,
ସ୍ୱାସ୍ଥ୍ୟେ ରୋଗର ଆଲେଖରେ !
ଏକ ପଦ ପାଦ ଭିତରେ କେଶର
କୃଷ୍ଣତା ହୁଏ କ୍ଷୀଣତର
ରୁଦ୍ଧ-ଦରଜା ସେ ପାଖେ ଶୁଭୁଚି-
'ଅନୁମତି ମିଳେ ଆସିବାର ?'
ଆଉ ଅନୁମତି କିବା ଲୋଡ଼ା ଭାଇ ?
ରକ୍ତଧୂଳିରେ ପଚି ସଢ଼ି
ମୁଁ ତ ତମରି କୋଳକୁ ଲୁହ ପୋଛି
ଅସହାୟ ଭାବେ ଚାଲେ ଗଡ଼ି ।

ସମୟ କେବଳ ଅତୀତର ନାଆଁ,
ଅତୀତର,
ଦାନପତ୍ର ବା ଦସ୍ତାବିଜ୍ ସେ ବିଗତର,
ବର୍ତ୍ତମାନକୁ ଅନୁଭବି କିଏ କହିଚି କେଉଁଠି
'ଯାହା ମୋର
ହାତରେ ରହିଚି ଅଧୁନା ସେଇଟା
ସେ ଶବଟା ଅଟେ
ଅତୀତର - ?'
ସକଳ ଧକ୍କା ସକଳ ଆଘାତ
ବାସ୍ତବ ସାଥେ ପରିଚିତି
ହସକାନ୍ଦର ସ୍ୱଭାବ ସହିତ
ଟିକିଏ ନିବିଡ଼ ଅନୁଭୂତି
ପାଇବା ଲାଗି ମୁଁ ଅଭ୍ୟାସ କଲି,
ଜଣାଯାଏ ମତେ ଯେତେବେଳେ
ଏଇ ଥର ଠିକ୍, ଏଥର ଜାଣିଲି
ଦୁନିଆଁର ରୀତି ତିଳେ ତିଳେ-
ସେତେବେଳେ ଆହା, ବନ୍ଧୁରେ !
ସକଳ ଘେନିଚି ଭିନ୍ନ ବରଣ
ସକଳ ଆଗଠୁଁ ପୃଥକ୍, ଭିନ୍ନ
ଯାହା ଧରିଥିଲି ବାଷ୍ପ ଆକାରେ
ଉଡ଼ିଗଲା ହାୟ ଉଡ଼ିଗଲା
ଭାରୀ ମାଠିଆର ବିକଳ ବିଳାପୁଁ
ରାକ୍ଷସ ଏକ ଦେହ ନେଲା !
ଜଡ଼ର ଉପରେ ସମୟ ଲେଖୁଚି
ପରିବର୍ତ୍ତନୀ ପୁଟ ଖାଲି
ଶିଳା ବୋଲି ଯାହା ଭାବୁଚୁ ପାଗଳ
କେବଳ ଧୂର୍ତ୍ତ ଚୋରାବାଲି !

ସମୟର ପ୍ରତି ପାଦପାତେ କେତେ
ନିବିଡ଼ ପ୍ରଣୟ କମି ଆସେ
ସ୍ନେହର ଲୋତକ ଜନ୍ମ ଘେନୁଚି
ଘୃଣାର ତୀବ୍ର ଉପହାସେ ।
ଭୁଲି ହୋଇବାର ଶେଷ ସମ୍ବାଦ
କାନରେ ବାଜୁଛି ବାରବାର
କାଲିର କି କିଛି କାମ ନାହିଁ ଛାଡ଼ି
ଆଜିର ପ୍ରୀତିକୁ ମାରିବାର ?
ଆଜିର ସକଳ ଜ୍ଞାନ, ଅନୁଭୂତି,
ସ୍ପନ୍ଦନ ଆଉ ପ୍ରେମାଳାପ
କାହିଁକି ଘଟିଲା, କାଲି ଯଦି ହେବ
ଦୁଷ୍ଟ ଦେବର ଅଭିଶାପ ?
ଜୀବନ କେବଳ ଉର୍ବର କ୍ଷେତ,
ଜୁଆଳି ଯୋଚିଚି ଆଉ କିଏ
ଆମରି ଛାତିରେ ଫସଲ ଉଠାଇ
ଅନ୍ୟ କୋଠିକୁ ବୋହିନିଏ,
ଜଡ଼ ଓ ଚେତନା, ସକଳ ତେଜୁଚି
ଭୁଜଗ ସମାନ ନିର୍ମୋକ,
ବନ୍ଧୁରେ ! ବନ୍ଧୁରେ !
ନୂଆ ପୁରୁଣାର ସୂତା ବୁଣାବୁଣି
ପିତା ପୁତ୍ରର ଛୁରୀମରା,
ପ୍ରେମ କରି ସାରି ଲାଭ ଗଣାଗଣି
ପୃଥିବୀରେ ହୁଏ ପ୍ରାଣଧାରା !

ଚିଲ

ତମେ କେବେ ଦେଖିଚକି ସେ ଚିଲକୁ, ଯାହାର କଥା ମୁଁ
ଅବିକା କହିବି ? ତମେ ତାକୁ ଦେଖିଥାଇ ପାର
ଅତି ଉଚ୍ଚ ଦେବଦାରୁ ଡାଳ ଅବା ଶାଳର କୋଟରେ
ଅବା କେବେ ଅକସ୍ମାତ୍ ଆକାଶରେ ଉଡୁଉଡୁ ତା'ର
ଧଳା ଧଳା ମେଘ ସହ କଳା କଳା ପକ୍ଷର ସଂଗମ
ଆସନ୍ନପ୍ରସବା ନାରୀ ସ୍ତନ ଚୂଳେ ପାଣ୍ଡୁରତା ସମ ।

ସେ ଚିଲକୁ ଭେଟିଥିଲି ଦିନେ ମୁହିଁ ରାତ୍ରି-ଭୋଜନରେ
ମୁଁ ତାକୁ କରିଲି ବାଧ ବସିବାକୁ ଟେବୁଲରେ ମୋର
ସେ କହିଲା- ଦୁନିଆଁରେ ଯାହା କିଛି ଅମଙ୍ଗଳ କାମ
ସବୁରି ପ୍ରତୀକ ମୁହିଁ, ମତେ କିମ୍ପା ଯାଚୁଚ ଆହାର ?
ମୁଁ କହିଲି- ଚିନ୍ତା ନାହିଁ, ଯେଣୁ ମୋର ଅଭ୍ୟାସ ରହିଛି,
ସାତଟି ମାସରେ ପ୍ରେମ, ପ୍ରତ୍ୟାଖ୍ୟାନ ସବୁ ମୁଁ ସହିଚି ।
ସେ ଯାହା କହିଲା ତା'ର ମୋଟାମୋଟି ସାରାଂଶ କେବଳ
ତମକୁ କହୁଚି, ଦିନେ ଏକ ଜ୍ୟେଷ୍ଠର ରାତିରେ
ଅନୁଭବ କଲା ସିଏ ତା'ର ପ୍ରତି ହାଡ଼ ଓ ସ୍ନାୟୁରେ
ତା'ର ପ୍ରତି ରକ୍ତକଣା, ପକ୍ଷ, ପାଦ, ଆଖି ଓ ଛାତିରେ
ଏମିତି ସ୍ପନ୍ଦନ ଏକ ତୀବ୍ର ଯା'ର ସ୍ଥିତି ଆଉ ଗତି
ଶ୍ରାବଣର ବନ୍ୟାପରି ବାଧାହୀନ ଏକ ଅନୁଭୂତି ।

ଚାରିପାଖେ ଶୋଇଥିଲା କଳାରାତି ଗହମ ନିଦରେ,
ଅସାଧୁ ଔରସେ ଜାତ ଶିଶୁପରି ଘୃଣିତ ସାହସ
ବିକଳରେ ଡାକୁଥିଲା ଗଳାରେ ତା' ହାତଚାପି ଭୟ
କୁମାରୀ ପ୍ରସୂତି ପରି ରୋଧୁଥିଲା ପ୍ରାଣର ନିଃଶ୍ୱାସ,
ସମାଜର ବୁଝାମଣା ମଦ୍ୟପାୟୀ ଉପପତି ପରି
ପ୍ରିୟାବାସ ଚାପିଧରି ପଚାରୁଚି- ଗଲାଣି ସେ ମରି ?
ଏମିତି ରାତିରେ ଯେବେ ଯାହା କିଛି ଭଲ ଓ ନିର୍ଭୀକ
ମରଣର ଯନ୍ତ୍ରଣାରେ ସଢ଼ି ସଢ଼ି ପୋଛୁଥିଲେ ଲୁହ
ସେ ଚିଲ ଛାଡ଼ିଲା ଶେଯ, ଧୀରେ ଧୀରେ ଉଠିଲା ଉପରେ
ଉଠିଲା ଉପରେ ବନ୍ଧୁ, ତେଜି ସବୁ ମିଛର ଆଗ୍ରହ,
ନିମିଷକେ ଛିଡ଼ାଇଲା ଶଠତାର ଶିକୁଳି ଓ ଫାଶ
ଅନୁଭବି କେଉଁ ଏକ ସ୍ପନ୍ଦନର କାଉଁରୀ ପରଶ।

ସେ ଉଠିଲା, ଗଛଡାଳେ ଖାଦ୍ୟଲୋଭୀ ଚିତ୍ରିତ ଭୁଜଗ
ବେଣୀ ମୋଡ଼ ପରି ଦେହ ଭାଙ୍ଗି ଭାଙ୍ଗି ଉଠେ ଯେଉଁପରି
ପତ୍ରର ଗହଳେ ସୁପ୍ତ ବଣିଛୁଆ ଶିକାର ଆଶାରେ
ସେ ଉଠିଲା ମହାଶୂନ୍ୟ ଉରସକୁ ବିଦାରି ବିଦାରି
ଯାହାକିଛି ଶୋଇଥିଲା ପଣ୍ଡିତଙ୍କ ବହିର ଖୋସାରେ
କୀଟପରି, ସେ ସବୁର ଆବିଷ୍କାର କରିବା ଆଶାରେ।

ଯେଉଁ ଶକ୍ତି ପକ୍ଷେ ତା'ର ଦେଇଥିଲା ଅସୁମାରି ବଳ
ଅନୁଭୂତ ହେଲା ତାହା ମସ୍ତିଷ୍କର ପ୍ରତିଟି ସ୍ନାୟୁରେ,
ଡେଣାରେ ପବନ ବାଜି ଯେଉଁ ସ୍ପର୍ଶ ଜନ୍ମ ଲଭୁଥିଲା
ତୀକ୍ଷ୍ଣତର ହେଉଥିଲା ଯାହା ମଝି ଜ୍ୟେଷ୍ଠର ବାୟୁରେ,
ଚେତନାର ରୂପେ ତାହା ବାଜୁଥିଲା ପ୍ରତ୍ୟେକ କୋଷରେ
ପରିଣତ ହେଉଥିଲା ନୂଆ କିଛି ଜାଣିବା ଶୋଷରେ।

ସ୍ମୃତି ଆଉ ଅଭ୍ୟାସର ଏତେ କାଳ ସଞ୍ଚିତ ଦଳିଲ
ଦେହେ ଦେଖାଗଲା କିଛି ନୂଆ ଆଉ ନିର୍ଭୀକ ଅକ୍ଷର
କୀଟଦ୍ରଂଷ୍ଟ ପୁରାତନେ ମାରିବାକୁ ନୂଆ ସ୍ୱୀକାରୋକ୍ତି,
ଲାଭଖୋରୀ ଗୋଲାମୀର ଉଦ୍‌ଯାପନ ଘୋଷକ ସ୍ୱାକ୍ଷର,
ସେ ଶକ୍ତି ହୋଇଲା ଚିନ୍ତା ଅତିକ୍ରମି ସକଳ ବାଧାରେ
ଧ୍ୱଂସର ପିଠିରେ ନୂଆ ସୃଷ୍ଟି ପାଇଁ କାତର କ୍ଷୁଧାରେ।
ସେ ଶକ୍ତିକୁ ନୂଆ ବୋଲି କହି ବୋଧେ ଭୁଲ୍ କଲି ମୁହିଁ,
ସେ ତାହାର ଜୀବନର ଅବିଚ୍ଛେଦ୍ୟ, ଅବିଭାଜ୍ୟ ଅଂଶ,
ସେ ତାହାର ଅସ୍ତିତ୍ୱର ଗୁଣ, ତା'ର ନିତାନ୍ତ ନିଜର
ଅଗ୍ନିର ଉତ୍ତାପ ପରି, ସେ ତାହାର ପ୍ରାଣର ସାରାଂଶ।
ମୁଁ ଖାଲି କହୁଚି, ଆଜି ହେଲା ତା'ର ନୂଆ ଅଭ୍ୟୁଦୟ
ମେରୁର ରାତିରେ ହେଲା ରକ୍ତୋଜ୍ଜ୍ୱଳ ସୂର୍ଯ୍ୟର ଉଦୟ।

ଚେତନାର ଆଲୋକରେ ଦେଖିଲା ସେ ଚାରିଦିଗେ ତା'ର
ଦୁନିଆଁ ରହିଚି ଶୋଇ, ଶୋଇ ଶୋଇ ବଦଳି ଚାଲିଚି
ପ୍ରାଣର ପ୍ରକାଶ ନାହିଁ, ଜଡ଼ ଏକ ବିବର୍ତ୍ତନ କ୍ରିୟା
ଜୀବନକୁ ମାଟିପରି ମନ ଇଚ୍ଛା ଦଳୁଚି, ଗଢୁଚି।
ସୃଷ୍ଟିଶୀଳ ଶକ୍ତି ତାର ଭ୍ରୂକଂଚନ କଲା ଏ ଖେଳରେ,
ଭ୍ରୂକୁଂଚନ କଲା ହାୟ ! କେଉଁ ଏକ ଅଶୁଭ ବେଳରେ।

ଯୁଦ୍ଧର ଆହ୍ୱାନ ଦେଇ ଅବତରି ଆସିଲା ସେ ନୀଚେ
ଗଢ଼ିବାର ନୂଆ ଇଚ୍ଛା ଦିଗେ ଦିଗେ କଲା ସେ ଘୋଷଣା,
ମୁହୂର୍ତ୍ତକ ପରେ କିନ୍ତୁ ନିଜ ଭୁଲ୍ ନିଜେ ସେ ବୁଝିଲା,
ଭଗ୍ନପକ୍ଷେ ଅନୁଭୂତ ହେଲା ଘୋର ମରଣ-ଯନ୍ତ୍ରଣା।
ମୁଁ ଯେବେ କରିଲି ପ୍ରଶ୍ନ- ପରାଜୟ ହେଲା କାହିଁ ପାଇଁ ?
ଉତ୍ତର ସେ ଦେଲା-ବନ୍ଧୁ ! ପରାଜୟ ବିନା ଗତି କାହିଁ ?
ଯାହାର ମଙ୍ଗଳ ପାଇଁ ତମେ କଲ ତ୍ୟାଗ ସବୁ କିଛି
ନିଜର ବିପଦ ବରି ଗଣସୁଖ କରିଲ କାମନା
ତାହାର ମନରେ ଯଦି ରୁଆଯାଏ ଜହରର ଚାରା,

ଯାହା ଅଛି ତାହା ଭଲ ବୋଲି ଯା'ର ସୁଦୃଢ଼ ଭାବନା,
ତା' ପାଇଁ କରିବା କିଛି କେଉଁ କାଳେ ନୁହଁଇ ସମ୍ଭବ,
ତମସାର ଜୀବାଣୁକୁ ଆଲୋକର ବାର୍ତ୍ତା କିଏ ଦେବ ?

ହାତରୁ କାଢ଼ିବା ଲାଗି ବେଡ଼ି ଯିଏ ହୋଇଲା ନାରାଜ,
ଚାବୁକ ଖାଇବା ଯା'ର ଦୈନନ୍ଦିନ ବିଳାସ ହୋଇଛି,
ଶ୍ୱାନପରି ପାଦଚଟା ଯାହାଲାଗି ସର୍ବୋଚ୍ଚ ସମ୍ମାନ,
ତା'ପାଇଁ, ତମେହିଁ କହ, ପ୍ରଗତିର କି ଆଶା ରହିଚି ?
ଏକା ମୁଁ ଭୀଷଣ ଏକା, ଅବିଶ୍ୱାସୀ ହେଲେ ସହଯାତ୍ରୀ,
ନ ମରି ମୁଁ ଦେଖିଲି ଯା' ସୀମାହୀନ ଏଇ ଅମାରାତ୍ରି !

ତା'ପରେ ସେ ଶାନ୍ତ ହୋଇ ଧୀରେ ଧୀରେ କରିଲା ବ୍ୟାଖ୍ୟାନ
ମୋହର ଯୋଜନା ଯାହା ଆଘାତ ତା' ପାଇଲା ଅନେକ
ମୁଁ କିନ୍ତୁ ଭାବିଲି ଯାହା ସତ ବୋଲି, ଆପୋଷରେ ତା'ର
ମିଳାମିଶା କରିବାକୁ ଅନୁମତି ଦେଲାନି ବିବେକ।
ସେଇ ମୋର ପ୍ରାଥମିକ ଦୁର୍ବଳତା, ପ୍ରାଥମିକ ଭ୍ରମ,
ଭ୍ରମ ବୋଲି କହିବାକୁ ତମେ କେବେ ହେବ କି ସକ୍ଷମ ?

ଦ୍ୱିତୀୟରେ ପ୍ରାଣହୀନ ବିବର୍ତ୍ତନ ମଣିଷ ମନକୁ
ଛାଞ୍ଚ ଦିଏ, ସଂପଦର ଆଜିଯାଏଁ ଅସମ ବଣ୍ଟନ
ଜନତାକୁ କରିଅଛି ବୁଦ୍ଧିହୀନ ଗୋଟିଏ ଏକକ
ତନ୍ତ୍ରୀରେ ଯାହାର ନାଇଁ ଜୀବନର ଟୋପେ ବି ସ୍ପନ୍ଦନ,
ସମ୍ମିଳିତ ବୋକାମିର ସମ୍ମୁଖରେ ଯୁଦ୍ଧ କରି କିଏ
ଜୟର ଗୌରବ ବନ୍ଧୁ, ପାଇ ନାହିଁ ତିଳେ ବି ଏ ଯାଏଁ।

ସୁଖୀହିଁ ହୁଅନ୍ତୁ ଆମେ ଯଦି ମୁକ୍ତ ଚିନ୍ତା କରିବାର
କ୍ଷମତା ନ ଥାନ୍ତା ଜମା, ମୋଟାମୋଟି ଚିନ୍ତାର ପ୍ରକ୍ରିୟା
ଭୁଲିଯାଇ ଆମେ ଯଦି ପାରୁଥାନ୍ତୁ ହସି, ଖେଳି, ନାଚି,
ସଂସ୍କାରର ଆଶା ବେଳେ ଚାଲି ଛୁରୀ ନୂଆ ଶାଣଦିଆ।

ଆମେ ତ ରହିବୁ ବଞ୍ଚି, ଆଶା କରି ଆଶାର ମୀନାର
ଦେଖିବାକୁ କେଉଁପରି ଭାଙ୍ଗି ରୁଜି ହୁଏ ଚୁରମାର।

ଏସବୁ ସେ କହିସାରି ଓଜନିଆ ନିଃଶ୍ୱାସ ଛାଡ଼ିଲା।
ମୁଁ ଭାବିଲି ଆହତ ତା' ପକ୍ଷେ ଯଦି ଓଷଦ
ଏହିପରି ଛଡ଼ାଯାଏ ଗୁରୁତର ବେଶୀ ହୋଇପାରେ,
ଗଭୀର କ୍ଷତଟା ତା'ର, ମୁଁ କହିଲି- ଛାଡ଼ ଯାହା ହୋଇଗଲା ଭାଇ
ଧୂଳି ଓ ଜୀବାଣୁ ବାଜି ସେ ଘାଆଟା ପଚିଯାଇ ପାରେ,
ଓଷଦ ଓ ତୁଳା ଦେଇ କନାପଟି ବାନ୍ଧିବା ଉପରେ।

ରାଗରେ ସେ ଲାଲ୍ ପଡ଼ି ଏତେ କଡ଼ା ନଜର ଛାଡ଼ିଲା
ଯାହାକି ମାରିଲା ମତେ ଆଶଙ୍କାରେ ସାଗରେ ବୁଡ଼ାଇ,
ତା'ପରେ ସେ ଡେଣା ପିଟି ଫିଙ୍ଗିଦେଲା ଭାତଥାଳି ମୋର
କାଚର ଗିଲାସ ଭାଙ୍ଗି ମତେ ଦେଲା ପାଣିରେ ଜଡ଼ାଇ।
ପରିବାର ଖଣ୍ଡ ସବୁ ଚଟାଣରେ ଏପାଖ ସେପାଖ
ଗଡୁଥିଲେ-ସବୁ ତା'ର କ୍ରୋଧର ପ୍ରତୀକ।

ମୁହୂର୍ତ୍ତେ ନ ରହି ସିଏ ଭାଙ୍ଗି ମୋର କାଚର ଝରକା
ଅନ୍ଧାରୁଆ ଆକାଶରେ ମିଶିଗଲା କୁଆଡ଼େ କେଜାଣି।
ମୁଁ କିନ୍ତୁ ଭାବୁଚି ସିଏ ବେଶୀ ଦୂର ଉଡ଼ିବା ଆଗରୁ
ଦୁର୍ବଳତା କ୍ଷୀଣ ତା'ର ଅସ୍ତିତ୍ୱକୁ ଧରିଥିବ ଟାଣି,
ଯାହାଫଳେ ମରି ସିଏ ପଡ଼ିଥିବ ବୁଦା ବା ନଦୀରେ
ଉଇହୁଙ୍କା ଉପରେ ବା ଦୁଇଇଞ୍ଚ କଣ୍ଟାର ଗଦିରେ।

ଚନ୍ଦ୍ରମାର ଚୁଡ଼ି

ଚନ୍ଦ୍ରମା ଚାହିଁଚି ତା'ର ଅଧାମେଲା ଦରଜା ଫାଙ୍କରେ
କାଳେ କିଏ ଆସୁଥିବ ଡରି ଡରି, ଆଗପଛ ଲକ୍ଷ୍ୟ କରି କରି
ସନ୍ଧ୍ୟାଲୋକେ ଝାପ୍‌ସା ଏଇ ବସ୍ତିପଥେ ରାତିକର ରହଣି ଆଶାରେ,
ପଲକପାତରେ ମାପି ତାହାପରି ଅଗଣିତ ନାରୀ,
ପକେଟରେ ପଇସାକୁ ଉଚ୍ଚତମ ମାନଦଣ୍ଡ ଧରି
କାଳେ କିଏ ଡାକୁଥିବ ତାକୁ ତୀବ୍ର ଭୋକ ଆଉ ଭୟର ଭାଷାରେ
କାଳେ କିଏ କହୁଥିବ-ଥାନଦିଅ, ଥାନଦିଅ ମତେ ତମେ
ରାତିଲାଗି ତମରି ବସାରେ।

ଚନ୍ଦ୍ରମା କମାଏ ବତି କାଚଭଙ୍ଗା କଳା ଲଣ୍ଠନର;
ଇସ୍ପାତର ଧାରପରି ଦୃଷ୍ଟିକୁ ସେ ମାଜିବସେ ଅନ୍ଧାରର ପ୍ରଶସ୍ତିଶିଳାରେ
ମୂର୍ଦ୍ଧନାରେ ଜିଭ ଚାପି ଚୁ ଚୁ କରେ, ଡାକେ ପୁଣି ଆନତ ଗଳାରେ।
ନଡ଼ିଆ ତେଲରେ ଗୋଳି କର୍ପୂର ସେ ଯତନରେ ସାଜିଛି କବରୀ
ପ୍ଲାଷ୍ଟିକ୍‌ର ଚିରିଣୀରେ ପୋଛିନିଏ ଅମାନିଆ ଚୂର୍ଣ୍ଣ କୁନ୍ତଳକୁ
ରୁଣୁଝୁଣୁ କରି ଚୁଡ଼ି ହାତ ଆଉ ବାହା ଦୋହଲାଇ
ସତେ ବା କହୁଛି, 'ଚନ୍ଦ୍ରା ବେହେରାଣୀ ମରି ମରି ନାହିଁ।
ସେ ଜୀଇଁଛି ଏଇ ଘରେ, ନୂଆଣିଆ ବତାଗୁଅ ତଳେ,
ସେ ଜୀଇଁଛି ଏଇ ଭଙ୍ଗା ଖପରରେ ଛାଉଣି କୁଟୀରେ
ରାତିର ଖାଟେଣି ପରେ ସହରର କାଲୁଆ ସକାଳେ
ଦିହର ଦରଜମାରେ ଶୁଣ୍ଠି ଆଉ ଗରମ ପାଣିରେ।"

ସେ କିଏ ଆସିଛି ପଶି ଶ୍ୱାସରୁଦ୍ଧ ହୋଇ ତରବରେ
ଚମକି ଝୁଣ୍ଟିଚି ତା'ର ଅଝଉଚ ଦୁଆରବନ୍ଧକୁ
ହରିକେନ୍ ବତି ତେଜି ଖିଲ୍ ଖିଲ୍ ହସିଲା ଚନ୍ଦ୍ରମା-
ଥିର୍ ଥିର୍ ଯାଅ ବାବୁ, ନୂଆ ବୋଲି ହୁଡ଼ିଲ ଏ ଘରେ।
ଦୁଇ ତିନିଥର ପରେ ମୁଁ ତମର ପାସୋରି ଯିବିନି
ଯେତେବେଳେ ଆସୁଥିଲେ ଡାକୁଥିବ, ଘରେ ଅଛୁ ଚନ୍ଦ୍ରା ବେହେରାଣୀ ?

ଯେମିତି ନିଭୃତ ଏକ ଗଡ଼ଜାତି ଅରଣ୍ୟ ଭିତରେ
ଦୀର୍ଘକାୟ ଅଜଗର ଖସି ଖସି ଓସ୍ତଗଛ ଡାଳୁଁ
ଧୀରେ ଧୀରେ ଘେରିଗଲା ଅସହାୟ ମିରିଗ ଛୁଆକୁ
ଚକ୍ରାକୃତି ହୋଇ ତା'ର ଚୁରିଦେଲା ଅସ୍ଥି ଆଉ ହାଡ଼
ଉଦରସ୍ଥ କରି ଶବ ଆରମ୍ଭିଲା ସୁଦୀର୍ଘ ପହୁଡ଼।

ଆଶ୍ଳେଷର ହରିକାଠେ ଚନ୍ଦ୍ରମାର ଅନୁଭୂତି ମଲା,
ଝାଳର ଗନ୍ଧରେ ହେଲା ଲୁପ୍ତ ତା'ର ସକଳ ଚେତନା,
ଚୁମ୍ବନର ଚାବୁକରେ ଗାଲ ଆଉ ଛାତିରୁ ଜୀବନ
କୃପଣର ଧନପରି ଅନ୍ଧାରର ସିନ୍ଦୁକେ ଲୁଚିଲା।

କିନ୍ତୁ ଏ ଅନ୍ଧାରେ ପୁଣି ରୁଣୁଝୁଣୁ ହେଲା ତା'ର କାଚ
ରୁଣୁଝୁଣୁ ହେଲା କାଚ ଅତୀତରୁ ଓଟାରି ଆଲୋକ;
ରୁଗ୍‌ଣ ଆଉ ଧନହୀନ ଗିରସ୍ତର ସକଳ ସୁହାଗ
ସେ ଯେମିତି ଧରିଥିଲା ଆଦରରେ ନୀଳଶିରାଯୁକ୍ତ ହାତେ
ଚନ୍ଦ୍ରମାର କଅଁଳ ଚିବୁକ,
ସେ ଯେମିତି କହୁଥିଲା ଥରି ଥରି ଲୁହ ପୋଛି ଏଇ ଘରେ ପଡ଼ି
ସେବତୀପରି ତୋ ଦିହ ଦିନୁଁ ଦିନ ଯାଉଅଛି ସଢ଼ି-
ସେ ଯେମିତି ଖୋଷା ତା'ର ହୁଗୁଳାଇ, କେରା କେରା ବାଳରଗହଳେ
ହାତଚାଳି ରଡୁଥିଲା ଦୁଧଖିଆ ଛୁଆପରି ଓଠ ଚାପି ଚାପି
କହୁଥିଲା- 'ପଦେକଥା ରଖିବୁ କି ? କିଛି ଭାବିବୁନି ?

ମୋ ଛାତି ଛୁଇଁ ତୁ କହ, ମୁଁ ଯଦି ମରିବି ତେବେ ତୁ କାହାକୁ ଦୁତୀୟ ହବୁନି।
ତତେ ନେଇ ଆଉ କାହା ସାଥେ ମୋର ହବା ଭାଗୁଆଳ
ଦିହରେ ଯିବନି ଜମା ପ୍ରେତଲୋକେ ଥିଲେ ବି ମୁଁ ତୋର।
ମୁଁ ତୋତେ ପାଇଛି କେତେ ଭଲ ତାହା ଜାଣିଚି କେବଳ
ଆକାଶ ଉପରେ ଦିଅଁ, ଦିନରାତି ଘଟଣା ଯାହାର।'

ଭାଙ୍ଗୁ ଏଇ ଚୁଡ଼ି ମୋର ଲିଭୁ ମୋର ମଥାରୁ ସିନ୍ଦୂର
ଜଳୁ ଏଇ ପେଟ ଯା'ର ଭୋକେ ମୁହିଁ ବସିଲି ବାଟରେ
ଫାଟନ୍ତା ହେଲେ ଏ ଭୂଇଁ ତା' ଭିତରେ ପଶି ମୁଁ କହନ୍ତି
ମତେ ତମେ କ୍ଷମାଦିଅ, ମୁଁ ନିଜକୁ ବିକିଚି ହାଟରେ।
ବିଶ୍ୱାସ ଓ ପ୍ରଣୟର ପ୍ରତୀକ ଏ କାଚ କେତେ ପଟ
ପ୍ରତ୍ୟେକ ରାତିରେ କରେ ନିଲାମ ମୁଁ ନୂତନ ଗ୍ରାହକେ
ଦାମ୍‌ଦିଆ ଚାଟୁକଥା କହି କହି ନିଜକୁ ଠକିଚି
ମଦ୍ୟାସକ୍ତ କାମୁକର ଆଖିରେ ଓ ଦେହର ତାତିରେ
ରୂପବତୀ ସୋହାଗିନୀ ଚନ୍ଦ୍ରମା ବି ଅଦ୍ୟାପି ଜୀଇଁଚି।

ଏଇ ଆତ୍ମପ୍ରବଞ୍ଚନା, ଆପଣାକୁ ଆପେ ମିଛକୁହା
ଯୌବନର ବହୁ ବର୍ଷ ପରେ ମତେ ଆଜିଯାଏ ଜୀଆଇଁ ରଖିଲା
ଫମ୍ପା ମୋର ଜୀବନର ବେଲୁନ୍‌ରେ ପବନ ପୂରାଇ
ସ୍ଖଳନର ପ୍ରତି ପାଦେ ମୁବାରକ୍ ଜଣାଇ ଜଣାଇ
ଛୁଞ୍ଚିର ଆଘାତେ ଆଜି ପରିଶେଷେ ଭୂତଳେ ଲୋଟିଲା।

ବାସ୍ତବତା ବହୁମୁଖୀ, ନିଜେ ସିଏ ତାହାର ନମୁନା,
ମୂର୍ଖ କିଏ ବାଛି ବସ ସମୁଦାୟ ଗୋଷ୍ଠୀ ପାଇଁ ଗୋଟିଏ ପ୍ରତୀକ ?
ବନ୍ଦକର ହେ ପଣ୍ଡିତ ପାଟଯଥା, ପଦବୀ ବା ବାହାବା ଆଶାରେ
ପ୍ରତିନିଧି ବାଛିବାରୁ, କ୍ଷାନ୍ତ ହୁଅ ଅସାଧୁ ଗଣକ,
ହାରାହାରି କଷି ତମେ, ନକ୍ସା ଆଉ ମାପଚୁପ କାଟି
ଜଟିଳ ଘଟଣାମୟ ଜୀବନର ସୂତ୍ର ଏକ ଭାବୁଚ କି ଆବିଷ୍କାର କରି
କ୍ଷୁଦ୍ରତର ବସ୍ତୁ କିଛି ରହିଯିବ ବୃହତ୍ତର ସଂପ୍ରଦାୟ ପରି ?

କେହି ନୁହେଁ କାହାପରି [କମଳାର ଚମ୍ପାର ଓ ମୋର
ବ୍ୟବସାୟ ଏକା ସିନା, କେତେ ବେଶୀ ଆମର ତଫାତ୍!
କେତେ ବେଶୀ ପରସ୍ପର ସହ ଦ୍ୱନ୍ଦ୍ୱ, ଘୃଣା ଆଉ ତିକ୍ତ ଶତ୍ରୁ ଭାବ],
ଚୁଡ଼ି ମୋର କେଉଁପରି ମୃତ ଏକ ସ୍ୱାମୀ ଲାଗି ପ୍ରତିଦିନ ହାଜିରା ପକାଇ
କହିବ ରହିଚି ସିଏ ପୂର୍ବପରି, ରହିଚି ସେ ମୋ ଭିତରେ ଜୀଇଁ?

ଜୀବନର ଚକ୍ର ଘୂରେ, ଘୂର୍ଣ୍ଣନରେ ପେଶି ହୁଏ ହୃଦୟ ଓ ବିବେକ ଆଦର୍ଶ
ଜୀଇଁବାଟା ବୋଧହୁଏ ଜୀବନରେ ସବୁଠାରୁ ସତ,
ତା'ଠାରୁ ବି ସତ ବୋଧେ ଆଦର୍ଶର ହତ୍ୟା ଆଉ ବିବେକର
ମୃତ୍ୟୁର କାହାଣୀ
ସେଥିପାଇଁ ଗ୍ଲାନି କିପାଁ? ଏ ଗ୍ଲାନିର ପରିମାଣ ଖାଲି
ତିଳେ ତିଳେ ଅନ୍ତର୍ଦାହ, ସାବଧାନ ଚନ୍ଦ୍ରା ବେହେରାଣୀ!

ଧର୍ମପଦର ଆତ୍ମହତ୍ୟା

ମଗ୍ନ କର ଏ ଚନ୍ଦ୍ରକୁ,
ମଗ୍ନ କର ତାକୁ କିଛି କର୍ଦ୍ଦମାକ୍ତ ପାଣିର ପାତ୍ରରେ
ଛିନ୍ନ କର ପ୍ରତି ତାରା କକ୍ଷ କୋଲୁଁ, ଅସ୍ୱୀକାର କର ଏ ରାତ୍ରିକୁ।
ବର୍ତ୍ତମାନ ତମେ ଯାହା ଅନୁଭବ କର ତା' କେବଳ
ଦୁଷ୍ଟ ଏକ ତାନ୍ତ୍ରିକର ଗୁଣି ଆଉ ଗାରିଢ଼ିର ଖେଳ।

ଏ ରାତିରେ
ମତେ ବି ଆସନ୍ତା ତୋଳି ବଇଁଶୀରେ ଆଶାବରୀ ରାଗ
ଏ ରାତିରେ
ମତେ ବି ଆସନ୍ତା ଗୋଳି ଲୁହସାଥେ ପ୍ରେମର ଗଜଲ।
ମତେ ବି ଆସନ୍ତା ଦେଖି ସ୍ୱପ୍ନ, ବୁଣି ଆଶାର ମସିଣା
ପରିଶେଷେ ଦେଖିବାକୁ ସେ ଆଶାର ନିର୍ଭୟ ମରଣ।
ହୁଏତ ସେଥିପାଇଁ ମୁଁ କରୁନାହିଁ ଆକାଶରୁ କୁସୁମ ଚୟନ।
ହୁଏତ ସେଥିପାଇଁ ମୁଁ ନିଜେ ଜଳି ସେ ନିଆଁ ଲିଭାଏ
ଯେଉଁ ନିଆଁ ଆମ ରକ୍ତେ ଜନନୀର ଭୁଲ୍ ରଖିଥାଏ।

ମୁଁ ଯିବିକି ଯେଉଁଠାରେ ଲକ୍ଷ ଲକ୍ଷ ଫୁଲ ଫୁଟିଥାଏ ?
ମୋତେ ନୁହେଁ, ମତେ ତମେ ବିଦାୟ ଦିଅ ଗୋ,
ବାଉଁଶ ବଣରୁ ଭାଙ୍ଗି ନୂଆ ନୂଆ ବାଉଁଶ କେତେଟା
କୋକେଇ ସଜାଡ଼ି ଆଉ ମତେ ରଖି ପ୍ରାର୍ଥନା ଗାଅ ଗୋ।

ମୁଁ ଦେଖୁଚି
ମୋ ଆଖି ଆଗରେ ସେଇ ନର୍ତ୍ତକୀର ଛାତିର ଉପରେ
ଦୀର୍ଘକାୟ ଛାଇ ଏକ, କାହାର ସେ ଛାଇ ?
ମୋର ? ଅବା ମୋର କେଉଁ ଅବଜ୍ଞାତ ପୂର୍ବପୁରୁଷର ?
କାହାର ସେ ଛାଇ ? ଚଳନ୍ତ ଆଜିର ଅବା ମୃତ କେଉଁ ବିଗତ କାଲିର ?

ସୃଷ୍ଟିର ? ବା ଧ୍ୱଂସ ପରେ ଧୂଳିସାତ୍ ସୃଷ୍ଟିର ବାଲିର ?
କାହାର ସେ ଛାଇ ? ଯାହା ହେଉ, ଏତିକି ମୁଁ ଜାଣେ,
ମୁଁ ନୁହଇ ଭିନ୍ନ ଏକ ଅଶରୀରୀ ପ୍ରେତର ଗହଣେ ।

ଗୋଟିଏ ବାକ୍ୟର ସିଏ କର୍ତ୍ତା, ଆଉ କ୍ରିୟାପଦ ମୁହିଁ ।
ସେ ଏକ ବିଫଳ ସ୍ୱପ୍ନ, ସ୍ୱପ୍ନାନ୍ତିକ ଦୀର୍ଘଶ୍ୱାସ ମୁହିଁ ।
ସେ ଏକ ଚେତନା ଯା'ର ରୂପ ଏଇ ଶିଳାର ନର୍ତ୍ତକୀ ।
ମୁଁ ଏକ ଚେତନା ଯାହା ବସ୍ତୁ ହୋଇ ଘେନିଚି ଜୀବନ
ସେଇ ଦଧନଉତିରେ । ଆମେ ଦୁହେଁ ଏକ ଓ ଅଭିନ୍ନ ।

ଏବଂ ସେଇଥିପାଇଁ ମୁଁ ଯାଉନି ଯେଉଁଠାରେ ଲୋଟିଯାଏ ହେନା ଅସୁମାରି,
ମୁଁ ଗାଉନି ଗଜଲ୍ ବା ତୋଲୁ ନାହିଁ ରାଗ ଆଶାବରୀ ।
ଶୋଇ ଶୋଇ ବୁଣୁନି ମୁଁ ଆଶା ଆଉ ସ୍ୱପ୍ନର ମସିଣା
ଯେଉଁଥିରେ ନିଦଗଲେ ଭୁଲିହୁଏ ନିରାନନ୍ଦ ଜୀବନର ସକଳ ଯନ୍ତ୍ରଣା ।

ସୂର୍ଯ୍ୟର ନିଃଶ୍ୱାସେ ଆଜି ଦଗ୍ଧ ହେଉ ସ୍ୱପ୍ନର ସେବତୀ ।
ଏ ଚନ୍ଦ୍ରର ଲୋତକରେ ସିକ୍ତ ହେଉ ସବୁଜର ଭ୍ରୂଣ ।
ଏ ବାୟୁର କ୍ରନ୍ଦନରେ ମୁଖରିତ ହେଉ ଏ ଆକାଶ ।
ମୁଁ କାନ୍ଦୁଚି ତମ ପାଇଁ, ଆହା ମୋର ଆହତ ପ୍ରାକ୍ତନ !

ତମର ନର୍ତ୍ତକୀ ପରି ମୋର ଏଇ ଚରମ ପ୍ରସ୍ତର
ଦୁଃଖାନ୍ତକ ନାଟକର ମାତ୍ର ସିନା ପୃଷ୍ଠା ଦୁଇଗୋଟି।
କାହିଁ ? କାହିଁ ବନ୍ଧୁ, ଚେତନାର ଆସୁଥିବା ଚିରକାଳ ପାଇଁ
ସଫଳ ସ୍ୱାତନ୍ତ୍ର୍ୟ ଆଉ ମୃତହୀନ ପ୍ରଶସ୍ତ ଜୀବନ ?

ଝରଝର ବୋହିଯାଏ ମିନିଟ୍ ଓ ସେକେଣ୍ଡ୍‌ର ସୁଅ।
ବିଫଳ ଆମର ଚେଷ୍ଟା ନେଇ ମାତ୍ର କେତୋଟି ମୁହୂର୍ତ୍ତ
ଗଢ଼ିବାକୁ ଏହିପରି କିଛି ଏକ ଯାହାର ତଫାତ୍
ପରବର୍ତ୍ତୀ ଦର୍ଶକଙ୍କୁ ବିସ୍ମିତ ଓ ମୁଗ୍ଧ କରିପାରେ।
ଆମର ସପନ ଖାଲି ଜୀଇଁ ରହେ ଆମରି ଭିତରେ।
ଆମରି ମୃତ୍ୟୁରେ ଘଟେ ଚିରକାଳ ଅବସାନ ତା'ର।

ଗୋ ନର୍ତ୍ତକୀ, ତମେ କହ କେତେ କାଳ ରଖିଚ ଭରସା
ଜୀବିତ ନ ହେଲେ ସୁଦ୍ଧା ଜୀବନର ହେବ ନାମାନ୍ତର ?

ସେଥିପାଇଁ
ଏ ଚନ୍ଦ୍ରକୁ ମୁକ୍ତି ଦେଲି ବୁଡୁ ସିଏ ପଶ୍ଚିମ ଦିଗନ୍ତେ।
ତାରାଗଣେ ମୁକ୍ତି ଦେଲି ଗୋଟି ଗୋଟି ଲୁଚିଯିବା ପାଇଁ
ସକାଳର କବରରେ ସାଙ୍ଗେ ନେଇ ପୂର୍ଣ୍ଣିମୀର ସ୍ମୃତି।
କୋଟି କୋଟି ପୂର୍ଣ୍ଣିମୀ ଓ ଅମାବାସ୍ୟା କାଲି ସକାଳରେ
ଏକାକାର ହେବେ। ସାର ହେବ ନିର୍ଦ୍ଦୟ ବିସ୍ମୃତି।

ସେଥିପାଇଁ
ବାଦ୍‌ଶାହୀ ଇନାମ୍‌କୁ ପାଦେ ଫିଙ୍ଗି ଆତ୍ମହତ୍ୟା କଲି।
ଚେତନା ଓ ଚେତନାର ଦୁଃଖ – ଏଇ ଦି'ଛକି ରାସ୍ତାରେ
ପଙ୍ଗୁ ହୋଇ ଆତ୍ମହତ୍ୟା କଲି। ମୋର ସାକ୍ଷୀ କେହି ନାହିଁ।

ପୁତ୍ତଳିକା

ସେ ରାସ୍ତାରେ ପଡ଼ିଥିଲେ ଦୁଇଗୋଟି ଭଗ୍ନ ପୁତ୍ତଳିକା
ଯେଉଁ ରାସ୍ତା ବେଢ଼ିଅଛି ସହରର ଅଣ୍ଟାକୁ, ଗାଉଁଲି
ଭୁଆସୁଣୀ ଅଣ୍ଟାଦେହେ ନିକେଲ୍‌ର ଅଣ୍ଟାସୂତା ପରି,
ଯେଉଁ ରାସ୍ତା ସୁରୁ ହୋଇ ମଶାଣିର ମଇଳା ଦାଢ଼ରୁ
ନଈର ଅମଡ଼ା ଘାଟେ ହଜିଯାଏ ବୁଲାଗୋରୁ ପରି ।

ସେ ରାସ୍ତାରେ ପଡ଼ିଥିଲେ ଦୁଇଗୋଟି ଭଗ୍ନ ପୁତ୍ତଳିକା-
ଏକକୁ ଆରେକ ଦେଖେ, ସତେ ଅବା ଝଡ଼ର ଅସ୍ଥିର
କେନାଲ୍ ଛାତିରେ ଯୋଡ଼େ ଢେଉ ଯିଏ କୂଳର ଗୁହାଳୁଁ
ଫିଟି ମଝିଗଣ୍ଡଠାରେ ମୁହାଁମୁହିଁ ହେଲେ ପରସ୍ପର !

ଅବା ଘୋର ଗର୍ଜ୍ଜନରେ ଯେତେବେଳେ ବୋହୁଚି ବତାସ
ଦେବଦାରୁ ମଥାପରେ ପାଦରଖି, ଆକାଶପଥକୁ
ରୁଦ୍ଧକରି ଧୂଳି ଆଉ ଶରପରି ପାଣି ଛିଟିକାରେ,
ବିପରୀତ ଦିଗୁଁ ଉଡ଼ି ଦୁଇଗୋଟି କ୍ଳାନ୍ତ ଭରତିଆ
ଅନ୍ଧାରରେ ଅକସ୍ମାତ୍ ପରସ୍ପରେ କରିଲେ ଆଘାତ,
ପୁନରାୟ ବିଜୁଳିର ଆଲୋକରେ ସଚେତନ ହୋଇ
କୁଶଳ ଜିଜ୍ଞାସା କଲେ- 'କେଉଁପରି ଚଳୁଚ ସଙ୍ଗୀତ ?'

ଗୋଟିଏ ପୁତ୍ତଳୀ ମାଗେ ପରିଚୟ ଆନ ପୁତ୍ତଳୀର-
"ତମେ କିଏ, ତମେ ଯିଏ ପଡ଼ିଅଛ ପ୍ରାଣହୀନ ହୋଇ ଏ ବାଟରେ,
ଯେଉଁ ବାଟ ସୁରୁ ହୋଇ ମଶାଣିର ମଇଳା ଦାଢ଼ରୁ
ପରିଶେଷେ ହଜିଯାଏ ଏ ନଈର ଅମଡ଼ା ଘାଟରେ ?"

ଅପର ଉତ୍ତର ଦିଏ - "କିଛି ନୁହେଁ, କେବଳ ସ୍ୱପ୍ନଟେ।
ପ୍ରେମର ସ୍ୱପ୍ନଟେ ଆଉ ଏ ସକଳ ଦୁଃଖର ଅନ୍ତିମେ
ଦିନେ ଯେ ଆସିବ ସୁଖ ସେ ଆଶାର ବିଫଳ ସ୍ୱପ୍ନଟେ,
ଆଜି ମୁଁ ନିଃଶ୍ୱାସ ମାରେ ପ୍ରୟୋଜନ ବିହୀନ ବିଶ୍ରାମେ।
ମୁଁ ହଜିଚି ଯୁଦ୍ଧକ୍ଷେତ୍ରେ ସାଧାରଣ ସିପାହୀ ଯେମିତି
ହଜିଯାଏ ଗୁଳିଖାଇ ବୁଦାବୁଦା ଜଙ୍ଗଲ ଉହାଡ଼େ,
ରକ୍ତ ଓ ଝାଳରେ ଭିଜା ଆତପତ୍ର ବର୍ଣ୍ଣର କମିଜ
ଅଖୋଜା ଯେମିତି ସଢ଼େ ଫୁକିଆର ଗହମ ପହୁଡ଼େ।

ଚଢ଼େଇର ପେଟପରି ତା' ନରମ ହାତରେ ଗୋଟିଏ
ସୁନ୍ଦରୀ ବାଳିକା ଦିନେ ମତେ ଧରି ପଚାରିଲା - 'ତମେ' ?
ମୁଁ କହିଲି, 'ପ୍ରଣୟ ମୁଁ', ଗୋଟାପଟେ ଥରୁଥିଲା ଦେହ।
ବରଡ଼ା ଯେମିତି ଥରେ ବୈଶାଖର ତାତିଲା ପବନେ।
ଦିନାକେତେ ରଖିଲା ସେ ଯତ୍ନକରି (କହୁଥିଲା ତା'ର
ମୋ ବିନା ଅସ୍ତିତ୍ୱ କାହିଁ ?), ପରିଶେଷେ ଫିଙ୍ଗି ଦେଲା ମତେ
ଗାଳିଦେଇ 'ଦୂର ହୁଅ, ଏତେଦିନ ଯନ୍ତ୍ରଣା ବ୍ୟତୀତ
ତୁ ମତେ ଦେଇଚୁ କ'ଣ ? ସୀମାହୀନ ସହନଶୀଳତା,
ପରେ ମୁଁ ପାଇଚି ଖାଲି ଭଗ୍ନ ବହୁ ସ୍ୱପ୍ନର ବ୍ୟର୍ଥତା।'

ଆହୁରି ପଡୁଚି ମନେ, ତାହାପରେ ମଜ୍‌ଦୁର୍ ଜଣେ
ମତେ ନେଇ ନେଇ ରଖିଲା ତା' ଅଧାଭଙ୍ଗା ଖପର ଘରରେ,
ସେ ଅବଶ୍ୟ କହିନାଇଁ ଉଚ୍ଛୃଙ୍ଖଳ ସ୍ଲୋଗାନ୍ କେତେଟା
ମାତ୍ର ମତେ ସେ ବି ଦିନେ ଛାଡିଦେଲା ଅନତିଦୂରରେ।

'ତୁ ମତେ ଠକିଲୁ ବେଶ୍' ! (ସେ କହିଲା ଅତି କ୍ରୁଦ୍ଧ ଭାବେ)
'ଅଧାପେଟ ଖାଇ ଆଉ ପାଣିଗଳା ଛାତତଳେ ଶୋଇ
ତଥାପି ମୁଁ ଆଶା କଲି, କାଳେ ଦିନେ ଘଟିଯାଇପାରେ
ସେଇ ସ୍ୱପ୍ନ ଯାହା ମତେ ଆଜିଯାଏଁ ଆସିଚୁ ଦେଖାଇ'।

ଦୁଇଥର ଅପମାନ ପରେ ମୋର ସାହସ ନ ଥିଲା,
ଏଣିକି ମୁଁ ଲୁଚୁଥିଲି ମକ୍‌କାବାଲା ବସିବା ଜାଗାର
ପଛଆଡ଼େ, ସେଠାରୁ ବି ବେଳେ ବେଳେ କିଏ
ହଠାତ୍ ଉଠାଇ ନିଏ, ତାହା ପରେ ନିରେଖି ନିରେଖି
"ବୋଉଲେ ଭୂତଟେ।" ବୋଲି ଏ ରାସ୍ତାକୁ ମତେ ଛାଟିଦିଏ।
ସତେ କ'ଣ ଭୂତଟେ ମୁଁ? ସତେ କ'ଣ ଜୀବନ ନାହିଁ ମୋ?
ଏ କଲିଜା ଚିରିଦିଅ, ଚିରିଦିଅ କହିବା ପୂର୍ବରୁ
ଯେ ମୁଁ ମାତ୍ର ପ୍ରାଣ ପ୍ରତି ଦ୍ୱେଷପୂର୍ଣ୍ଣ ଅଟ୍ଟହାସ ଏକ,
ଯେ ମୁଁ ଖାଲି ବଞ୍ଚି ରହେ ମାନସିକ ବିକୃତି ଭିତରେ,
ଚିରିଦିଅ, ପୋଛି ଦିଅ ମୋ ଜିଭରୁ ତମର ନିମକ।

ଏଇତ ବୃତ୍ତାନ୍ତ ମୋର, ନ କହିଲେ ହୋଇଥାନ୍ତା ଭଲ,
ଅଥଚ କହିବା ପରେ ଖୁବ୍ ବେଶୀ ହାଲୁକା ଲାଗୁଚି,
ଦୁଃଖଟା ବହୁତ କମେ ଯଦି ଦୁଃଖୀ ମନ ଖୋଲି ତା'ର
ପ୍ରିୟଜନ ଆଗେ ସବୁ ଦୁଃଖ ଆଉ ଦରଦ କହିଚି।

ତମେ କିନ୍ତୁ କିଏ କହ, ପଡ଼ିଚ ଏ ରାସ୍ତାର କୋଣରେ-
ମରୁଡ଼ି କ୍ଷେତରେ ପଡ଼େ ଯେଉଁପରି ଭାଗଚାଷୀ, ଭାଳି
ରାତିରେ ହୋଇଲେ ବର୍ଷା ମୁହୂର୍ତ୍ତେ ବି ଅପେକ୍ଷା ନ କରି
ଚାରିଅଣା ଫସଲରେ ଷୋଳ'ଣାର ରଙ୍ଗ ଦେବ ବୋଲି- ?

ଅବା ନୂଆ ବନ୍ୟାଜଳେ ଯେଉଁପରି ବିପନ୍ନ ଗାଆଁର
ଲୋକେ ପଡ଼ିରହି ଥାନ୍ତି ରାତିସାରା ନଈବନ୍ଧ ପାଖେ,
କାଳେ ଘାଇ ଭାଙ୍ଗେ ଯଦି ଚାଞ୍ଚଡ଼ା ଓ ବାଲିବସ୍ତା ଦେଇ
ରୋଧିବାକୁ ଆକ୍ରମଣଶୀଳ ଏକ ଦୈବୀଦୁର୍ବିପାକେ ?"

ଦ୍ୱିତୀୟ ପୁତ୍ତଳୀ କହେ, "ପଚାରିଲ ନାଆଁ ଯେତେବେଳେ
ନ କହିବି କେଉଁପରି ? ମୁଁ ଭାବୁଚି ମୁଁ ଅଟେ ମଣିଷ।
ତମେ ହେଲେ ଭୋଗିଅଛ ସାମୟିକ ପ୍ରାଣର ସ୍ପନ୍ଦନ,
ମୁଁ କିନ୍ତୁ ଅଟଇ ବନ୍ଧୁ ଅବିଚ୍ଛିନ୍ନ ମୃତ୍ୟୁର ନିର୍ଯ୍ୟାସ।
ଜନନୀର ଗର୍ଭପାତ ଆଗୁଁ ମୋର ଗଳାରେ ତା' ନାଡ଼ୀ
ଭିଡ଼ି ହେଲା ଫାଶପରି, ମଲାଛୁଆ ହୋଇ ଜନ୍ମ ହେଲି,
ହୁଏତ ଏ ପରିସ୍ଥିତି ଗଲାନାଇଁ ଦିହରେ ମୋହର,
ଜନନୀ ଜୀଇଁଲା ଖାଲି ସୁଚତୁର ଧାଈ ଥିଲା ବୋଲି।"

ଏଇଟା ଅବଶ୍ୟ ଅଟେ ଅସମ୍ଭବ ଯେ ତମେ ଶୁଣିବ
ପଦ ପଦ ପ୍ରତ୍ୟେକର କଥାବାର୍ତ୍ତା, ଏହାପରେ ଯାହା
କୁହାକୁହି ହେଲେ ସେଇ ଦୁଇଗୋଟି ଭଗ୍ନ ପୁତ୍ତଳିକା
ସଫା ସଫା ମାନୁଚି ମୁଁ ପାରିଲିନି ମୋଟେ ଶୁଣି ତାହା।

ମାତ୍ର କିଛି ବେଳପରେ ଅସମ୍ଭବ ଭୀଷଣ ଭାବରେ
ବିଳାପ ଗୋଟିଏ ଭାଙ୍ଗି ଇଥର୍‌ର ଗତାନୁଗତିକ
ତରଙ୍ଗ ଛୁଇଁଲା ମୋର କାନ ଆଉ ସମୁଦାୟ ମନ।
ସତେ ବା ସାଗର ତଳେ ମଗ୍ନ ଏକ ତରୀର ଖଲାସୀ
ଦୁଇଜଣ ଫଳହୀନ ପ୍ରତୀକ୍ଷାର ଓଜନ ନ ସହି
ଭାଙ୍ଗିଯାଇ କରୁଥିଲେ ସମଭାବେ ବିଫଳ କ୍ରନ୍ଦନ।

ପତ୍ର

ଏ ପତ୍ର (ନିଷ୍ପ୍ରାଣ, ପୀତାଭ) ଯାହା ଉଡ଼ିଆସେ ବହୁତ ଦୂରରୁ
ପ୍ରସ୍ଥ ପ୍ରସ୍ଥ ଚିରିକରି ଏ ରାସ୍ତାର କାଦୁଅ ଓ ଧୂଳି,
ଆହତ ସ୍ୱର୍ଣ୍ଣର କ୍ଲାନ୍ତି, ଲଜ୍ଜା ତଥା ଅବସାଦ ଲେପି
ମୁହଁର କାନ୍ଥରେ ତା'ର, ମତେ ଏବେ ଯାଉଚି ସଙ୍ଖୋଳି।
ନାରୀ ଗୋ, କେଉଁଠି ଅଛ ? ବନ୍ଦ କରି ଝରକା କବାଟ।
ମୁଁ ଶୁଣୁଚି, ଭଗ୍ନକରି ଏ ରାତ୍ରିର ତନ୍ଦ୍ରା ଓ ଜଡ଼ତା
ବାଜୁଚି ଗୋଟିଏ ଘଣ୍ଟା, ଚାଟଶାଳୀ ଆରମ୍ଭ ହେଉଚି,
ଶୁଭୁଚି କେତୋଟି ହସ, ଦିଶୁଅଛି ହସ୍ତାକ୍ଷର ଖାତା।

ବନ୍ଦକର ସବୁ ଛିଦ୍ର, ବନ୍ଦକରି ଶବ୍ଦର ସରଣୀ
ଜୀଇଁବାକୁ ମତେ ଦିଅ ଏ ନିଭୃତ ଅନ୍ଧାର ଭିତରେ,
ତମେ ମଧ୍ୟ ମରିଯାଅ, ଧ୍ୱଂସ ହୁଅ, ଏବଂ ତାହାପରେ
ରକ୍ତର ବୁଦ୍‌ବୁଦ୍ ହୋଇ ବଞ୍ଚିରହ ମୋହର ରକ୍ତରେ।

କିନ୍ତୁ ତମେ ବନ୍ଦକର ଶୈଶବର ଏବଂ ଯୌବନର
ମର୍ମନ୍ତୁଦ ଆବୃତ୍ତିକୁ, ବନ୍ଦକରି ଶୀତର ପବନେ
ବିଚ୍ୟୁତ ଏ ଲଜ୍ଜାହୀନ ଦେବଦାରୁ ପତ୍ରର ଇସାରା,
ନଷ୍ଟକର ମୋ ଚିନ୍ତାକୁ; ତାହା ପରେ ମତେ ମଗ୍ନ କର
କେବଳ ସ୍ପର୍ଶରେ, ଆଉ ଅଚେତନ ସୀମାବଦ୍ଧତାରେ,
ଭଗ୍ନାଂଶକୁ ସମୁଦାୟ ଭାବିବାର ଓଲାମି ଅଥଚ
ଜୀଇଁବା ଲାଏକ୍ ଏକ ଗାଣିତିକ ସୂତ୍ରର ସତ୍ତାରେ।

ପରାସ୍ତ ମୁହୂର୍ତ୍ତ

ଉଦିତ ସୂର୍ଯ୍ୟର ମୁହେଁ ଅସ୍ତମାନ ସୂର୍ଯ୍ୟର ଆଲେଖ।
ସଂଧ୍ୟାର ଜହ୍ନର ମୁହେଁ ନିଶାନ୍ତର ପଳାୟନବାଦ।
ଜୀବନର ସୂଚିପତ୍ରେ ଜରା ଆଉ ମୃତ୍ୟୁର କ୍ରମିକ।
କଢ଼ିର ଆଖିରେ ତା'ର ଝଡ଼ିବାର ଚରମ ସମ୍ବାଦ।

ମାଂସର ଆକାଶମଲ୍ଲୀ ଫୁଟିବାର ବହୁତ ଆଗରୁ
ମଶାଣିର ପରବର୍ତ୍ତୀ ଅନ୍ଧକାର ବ୍ୟଙ୍ଗ-ଉକ୍ତି କରେ,
ତମ ବେକେ ହାତ ରଖି ଚୁମା କିଛି ଖାଇବା ଆଗରୁ
ତମେ ଯେ ଠକିବ ମତେ ଏ ଚିନ୍ତା ବି ଉଠୁଚି ମନରେ।

ମୁଁ ଚିହ୍ନିଚି ଜଣେ ଲୋକ ପ୍ରଶଂସା ଯେ କରୁଚି ତମର,
ଗୋଲାପ ପାଖୁଡ଼ା ପରି ଅଧରର, ଆଉ ଜଣେ କହେ
ଆକ୍ଷିରେ କୁଆଡ଼େ ତମେ କହିପାର ଅବ୍ୟକ୍ତ କାହାଣୀ,
ତୃତୀୟ ହୁଏତ କରେ ଅସଂଯତ ବିଶ୍ଳେଷଣ, ଆଉ
ସ୍ୱପ୍ନରେ ଚିତ୍କାର କରେ। ସେଥିରେ ମୁଁ ଗୁରୁତ୍ୱ ଦେଉନି।
ମାତ୍ର କେଉଁପରି ଜଣେ ଦେଖିଲାନି ଅଂଶ ବିଶେଷର
ଶୋଭାଠାରୁ ଭିନ୍ନ କରି ସତ୍ତା ଏକ ପୂରା ମଣିଷର?

ସାମୟିକ ଅଟେ ଆକ୍ଷି, ଅଧରର, ବାହୁର, ବକ୍ଷର
ଅନୁଭୂତି, ତା' ଉପରେ ଅନିର୍ଦ୍ଦିଷ୍ଟ ଆଗାମୀର ଛାଇ
କେହି ହାୟ ନ ଦେଖିଲେ! ମୁଁ ତୁମକୁ ଭଲ ପାଇ ପାଇ
ଶିଖିଚି ଭୁଲିବା ଲାଗି ଖାଲି ଦେହ ଅବା ଖାଲି ମନ,

ଭୁଲିଚି ପାଇବା ଲାଗି ମିଳନର ସୁଖରୁ ସ୍ପନ୍ଦନ
ଭୁଲିଚି ଜଳିବା ଲାଗି ବିଚ୍ଛେଦର ନିଆଁରେ କେବଳ
ମୁଁ ଜାଣିଚି ତମେ ଅଟ ଏ ସବୁର ସମଷ୍ଟିର ଫଳ।

ସେଦିନ ଆକାଶରେ ଯେବେ ଉଠିଥିଲା ହଳଦିଆ ଜରି
କାଗଜରେ କଟା ଜହ୍ନ ପରି ଏକ ଜହ୍ନ, ମୁଁ ତମର
ପାଖେ ବସି ତମ ଜୁଡ଼ା ମୁକୁଳାଇ ହାତ ଚାଲୁଥିଲି,
କେବଳ ସେତିକି ନୁହେଁ, ନିଜକୁ ବି ପ୍ରଶ୍ନ କରୁଥିଲି,
ଏଇଟା କି ସତ କଥା ? ଏଇଟା କି ପ୍ରଥମ ଓ ଶେଷ ?
ଏହାପରେ ଅଛି କ'ଣ ? ଏ ସୁଖର ପୌନଃପୁନିକତା,
ଅଥବା ହଠାତ୍ ମୃତ୍ୟୁ, ତଜ୍ଜନିତ ସକଳ ବ୍ୟର୍ଥତା ?

ସେ ମୁହୂର୍ତ୍ତ ଚାଲିଗଲା ଆଖି ପିଛୁଳାକେ,
ଚାଲିଗଲା ସାଥେ ନେଇ ସେ ସକଳ ଅନୁଭୂତି ଆଉ
ଯଦିଓ ପାରିଲ ନାହିଁ ମାରି ମୋର ତମ ଲାଗି ସ୍ନେହ
ଅନ୍ତତଃ ସେ ଶିଖାଇଲା କରିବାକୁ ନୂତନ ପ୍ରଣୟ।
ଶିଖାଇଲା ବାହୁ, ବକ୍ଷ, ଆକ୍ଷି, ଆଉ ଓଠର ମିଶାଣ
ଠାରୁ ବି ପୃଥକ ତମେ, ତମେ ଏକ ସ୍ୱତନ୍ତ୍ର ଏକକ।
ମୋ ଲାଗି ଜୀଇଁନ ତମେ, ପରିବେଶ ସହିତ ତମର
ସହଯୋଗ ଫଳେ ତମେ ଗତିଶୀଳ ନାରୀ ମୂର୍ତ୍ତି ଏକ।

ତୁମକୁ ମୁଁ ଭଲପାଏ, ମାତ୍ର ତାହା ଆକସ୍ମିକ ଅଟେ।
ତମର ଉପରେ ନାହିଁ ଏତେ ଟୋପେ ଦାବି ବି ମୋହର।
ଯାହା ବା ସଂପର୍କ ଅଛି ତାକୁ କେତେ ମିନିଟ୍ ମାଣରେ
ମାପିବା ବୋକାମି ଅଟେ। ଗଲା କାଲି ତମର ଓ ମୋର
ଚିହ୍ନା ବି ନ ଥିଲା ଜମା, ଖାଲି ସିନା ମାଳତୀ ସାମଲ
ଆମକୁ ଜୁଟାଇ ଦେଲା, ତାହା ପରେ ତମେ ଆଗେଇଲ।
କାଲି କି ତା'ହେଲେ ସତ୍ୟ ? ମିଥ୍ୟା ଅଟେ ଆଜିର ଚେତନା ?

ମିଥ୍ୟା ଅଟେ ଏଇ ଚିଠି ? ଏ ସକଳ ଶପଥ ଛଳନା ?
ତମ ପାଇଁ ମୋର ସବୁ ବ୍ୟାକୁଳତା ଧୂମ୍ରମାଳ ସପନ ?
ତମେ ତେବେ ପୂର୍ବପରି, ମୋହଠାରୁ ସଂପର୍କବିହୀନ ?

ସେ ଅନୁଭୂତିରୁ ମତେ ମୁକ୍ତି ଦିଅ, ଚମ୍ପାଫୁଲ ମୋର !
ମୁହୂର୍ତ୍ତର ମୂଲ୍ୟ ଅତି ଗୌଣ ଏଇ ସମୟର ସ୍ରୋତେ,
କାଲିର ପାର୍ଥକ୍ୟ ପରି ମିଥ୍ୟା ଏଇ ଆଜିର ମିଳନ,
ମିଥ୍ୟା ମୋର ଜନ୍ମ ନେବା, ମିଥ୍ୟା ମୋର ଧରିବା ଜୀବନ ।

ଯେ ଯାଏଁ ମୁଁ ମରି ନାହିଁ ସେ ଯାଏ ମୁଁ ସଂପୂର୍ଣ୍ଣ ହୋଇନି
ସେ ପୂର୍ଣ୍ଣତା ଦେଖିବାର ଧୈର୍ଯ୍ୟ ଧର, ଦେଖିବ ନାହିଁକି
ଡାକ୍ତରଖାନାର ରୋଗୀ ଖଟିଆରେ ଶୋଇବା ସତ୍ତ୍ୱେ
ମୁଁ ତମକୁ ଭଲପାଏ, ଯଦିଓ ମୁଁ ଜାଣେନି କାହିଁକି ?

ମୁଁ ମଧ୍ୟ ଅପେକ୍ଷା କରେ, ଘୃଣା ଆଉ ସ୍ନେହର ସୂତାରେ
ବୁଣା ତମ ଚିନ୍ତାଧାରା ଯେଉଁଯାଏଁ ହୋଇନି ସମାପ୍ତ,
ଅସ୍ୱୀକାର କରୁଚି ମୁଁ ପ୍ରତି ଛିନ୍ନ ସେକେଣ୍ଡର କଥା ।
ଅପେକ୍ଷା କରୁଚି ମୁହିଁ, ଯଦିଓ ମୁଁ ପରିଷ୍କାର ଜାଣେ
କିଛି ଗୋଟେ ସିଦ୍ଧାନ୍ତକୁ ଛୁଇଁବାର ବହୁତ ଆଗରୁ
ତମେ ହୁଅ, ବା ମୁଁ ହୁଏ, କେହି ଜଣେ ନିର୍ଦ୍ଦୟ ଭାବରେ
ପଡ଼ିଥିବ ରୋଗ ଭୋଗି ଲାସ୍‌ଖାନା ସିମେଣ୍ଟ୍ ଚଟାଣେ ।

ନବଗୁଞ୍ଜର

ବାୟା ଚଢ଼େଇରେ ବାୟା ଚଢ଼େଇ ତୁ
ତାଳଗଛେ କରୁ ବସା,

ମାସେ ନୁହେଁ, ବର୍ଷେ ନୁହେଁ, ବର୍ଷ ବର୍ଷ ଚାରି ବର୍ଷ ଗଲା
ଲେଉଟାଣି ଖରାପରି ମଉଳିଲା ସ୍ୱପ୍ନର କାମନା,
ଗୁଜୁରାଣ ରହିଗଲା- ମୋ' କୁନି କାନ୍ଦୁଚି
ତୋ ସାଙ୍ଗେ ଖେଳିବ ପଶା ।
ଉଚ୍ଚ ତାଳଗଛ ଆକାଶ ଛୁଉଁଚି
- ରହିଗଲା ସବୁ ଅଭିମାନ
ମନର କୋଠିରେ ମୋର ଧାନ ପରି ଭରଣ ଭରଣ ।
ନଈ ତୁଠ ଆରପଟୁ ମାଡ଼ି ମାଡ଼ି ଆସୁଛି ଅନ୍ଧାର
ଗୋହିରୀ ବିଲ ଓ ଡିହ ମଗ୍ନ କରି କଜଳ ସୁଅରେ,
କେତେ ଦୂରେ ଚଟକଳ, କେତେଦୂରେ ଏ ପଧାନପଡ଼ା
ମଝିରେ ଚାଲିଚି ସୁଅ ଦୁଇକୂଳୁ ବିଦାରି ଅତଡ଼ା ।

ତଥାପି ମୁଁ ଅଲାଜୁକୀ ଚାହେଁ ମୋର ପାଉଁଶ ମୁହଁରେ
କାଲେ ତମେ ଆସୁଥିବ, ପାଦଯାକ ଧୂଳି ସରସର,
କାଲେ ତମେ ଛତାବାଡ଼ି ରଖିଦେଇ ଦୁଆରବନ୍ଧରେ
ପାଣି ଢାଳେ ମାଗୁଥିବ ଭୋକ ରଖି ଚାରି ବରଷର,
କାଲେ ତମେ ପଚାରିବ, ତୁ କାହିଁକି ଦିଶୁଚୁ ଶୁଖିଲା ?

ମୁଁ ଚମକି ଚାହୁଁଅଛି, କେହି ନାହିଁ...ପାରା ଗୁମୁରିଲା...
-କୁନିକି ମାଡୁଚି ଡର,
ହାଡ଼ିଆ ବାଇଆ ଉଚ୍ଚ ତାଳ ଗଛ
ଉପରେ କରିଚି ଘର।
ମୋ କୁନି ସୁବର୍ଣ୍ଣ, ଅବିଗୁଣ ନୁହେ
ଯାହା ଦେଲେ ତାହା ଖାଏ
ଆରସାଇ ଛାମୁ- କରଣ ପୁଅକୁ
ନେ'ରେ ବାଇଆ ନେଏ।
ମୁଁ ମଧ୍ୟ ଆଶଙ୍କା କରେ, କାଲେ ତମେ ଅନୁନୟ କରି
ପାଣିଆ ଆଖିରେ ଚାହିଁ ପଚାରିବ- ମୋ ଉପରେ ରାଗିଚୁ ମାଳତୀ?
ସେ କଥା କହିବା ଆଗୁଁ ତମେ ଯଦି ଦେଇପାରୁଥାନ୍ତ
ଜାଗା ତମ ପାଦତଳେ କେତେ ବେଶି କୃତାର୍ଥ ହୁଅନ୍ତି!
ମୁଁ ତମକୁ ଦୟାକରି କିଛି ଦବା ଆଶା କରିବାଠୁଁ
ଏତିକି ଲୋଡୁଚି, ତମେ ମୁହଁ ଖୋଲି କହୁଥାନ୍ତ ଥରେ,
ମୁଁ ଏହା ଚାହୁଁଚି, ଆଉ ପାଦ ତଳେ ସକଳ ଅଜାଡ଼ି
ଦେଖୁଥାନ୍ତି ସନ୍ତୋଷର ହସ ତମ ଶୁଖିଲା ଓଠରେ।
ମନା କରି ଫେରାଇବା ସାହସ ମୁଁ ସ୍ୱପ୍ନରେ କଦାପି
କରିକି ପାରିବି? - ଛାମୁକରଣ ପୁଅକୁ
ନେ'ରେ ବାଇଆ ନେଏ।

ଅନ୍ଧାର ପଡୁଚି ଖସି ବଜ୍ରପରି କୁତ୍ସିତ ଆକାଶୁଁ
ଏ ସୂର୍ଯ୍ୟର ଆତ୍ମା ସହ-ନେରେ ବାୟା...ଧ୍ୱଂସ ହେଉ ଭାବପ୍ରବଣତା,
ମୁଁ ତୁମକୁ ବାରବାର କହୁଅଛି ନିର୍ଭୁଲ୍ ଭାବରେ
ମୁଁ ନିଜକୁ ବଡ଼ ମଣେ ତମସୁକ, ବନ୍ଧକ ବା କରଜ ଅପେକ୍ଷା,
ମୁଁ ସ୍ପଷ୍ଟ କରୁଛି ମନା ଦ୍ୱାହି ଦେଇ
ଏ ଚାରି ବର୍ଷର ଦୁଃଖ ଏବଂ ସହନଶୀଳତା
ତମେ ପଛେ ହତ୍ୟା କର, ତମେ ପଛେ ଖିନ୍‌ଭିନ୍ କର
ମୋର ମାଂସ ଏବଂ କେନା କେନା କର ମୋ ତନ୍ତୁକୁ

ମୁଁ ସ୍ପଷ୍ଟ କରୁଚି ମନା ମାତ୍ର ଟଙ୍କା କେତେ କୋଡ଼ି ଲାଗି
ହେବି ବିସ୍ମୃତ ଏଠାରେ।
ଏ ରାତ୍ରି ଜମାଟ୍ ବାନ୍ଧେ ସକଳ କାଳିମା ତା'ର
ଭର୍ତ୍ତି କରି ମୋ ମନ ଭିତରେ।
ମତେ କିଆଁ ଲାଗୁଅଛି, ତମେ କିଛି କରିଚ, ଲାଗୁଚି
ସତେ ଅବା ଖୁବ୍ ଗୋଟେ କଷ୍ଟଦେଲ। ଚାରିଆଡ଼େ ମୁଁ ଖାଲି ଦେଖୁଚି
କଳା କଳା ଭୂତ ସବୁ ବୁଲୁଛନ୍ତି ଆଉ ମତେ ମାଡ଼ି ବସୁଚନ୍ତି,
ମୁଁ ଚିତ୍କାର କରେ ମାତ୍ର ପରାଜିତ ହୁଏ ପ୍ରତିରୋଧ।
ସକଳ ବିଶ୍ୱାସ ମୋର, ସକଳ ଭରସା, ଏବଂ ମମତାର ମୂଳକୁ ଓପାଡ଼ି
ସୂତାଖିଅ ପରି କିଏ ଅଣଚାଶ ପବନ ମୁହଁରେ
ସତେ ବା ଉଡ଼ାଇ ଦିଏ, ସତେ ବା ମୁଁ ଧାନର ଅଗାଡ଼ି!

ଅବଶ୍ୟ ମୁଁ ପାରିବିନି କହି କିଛି ନିର୍ଦ୍ଦିଷ୍ଟ ଭାବରେ
ହୋଇପାରେ ତମେ କିଛି କଲ ତମ ଅଜ୍ଞାତସାରରେ।
ଅଦାଲତ୍ ଯାଇ ତ ମୁଁ କରିବିନି ବିଚାର ପ୍ରାର୍ଥନା,
ତମକୁ ତାଗିଦ୍ ଦେବା ଲାଗି ତ ମୁଁ ଅର୍ଜି କରିବିନି,
ମାତ୍ର ମୁଁ ପାଇଚି ଭଲ, ତମେ କ'ଣ ତାହା ବୁଝିବନି?
ଏହା ମଧ୍ୟ ହୋଇପାରେ, ଏ ଅନ୍ୟାୟ ତମେ କରି ନାହଁ।
ରୂପହୀନ, ଗୁଣହୀନ ମାଳତୀ ତା' ନିଜର ହାତରେ
ତୁମକୁ ଦେଇଚି ଛାଡ଼ି- ପଶା ଖେଳି ଖେଳି
ହାଲିଆ ହୋଇବୁ ଯେବେ
ଦହି ଭାତ ଆଉ ବଡ଼ି ସନ୍ତୁଳାରେ
ପେଟ ପୂରାଇବୁ ତେବେ।
ଯେଉଁ ନିଆଁ କୁହୁଳୁଚି ମୋ ମନର ଗହଳ ସନ୍ଧିରେ
ମୁଁ ସେଥିରେ ପୋଡ଼ିହୁଏଁ ତମେ ଫେରି ଦେଖ କିଛି ନାହିଁ,
କଳିହୁଡ଼ୀ ମାଳତୀର ହାଡ଼ ଖଣ୍ଡେ ପାଅ ନାହିଁ ତମେ
ଗାଡ଼ିଆର ସାତ ତାଳ ପଙ୍କ ତଳେ ଲୁଚୁ ପୋଡ଼ାମୁହାଁ।

କରଜ ହୋଇବ ଶୁଝା, ମୁକୁଳିବ ଡିହ ଆଉ ଜମି
ମୁକୁଳିବ ମାଳତୀର ଶିକୁଳି ବି ତମର ମନରୁ-
                    ମାଳତୀ ଅଛୁ କି ଘରେ ?
ଚାଉଳ ତଉଲେ କେତେ ଦିନ ଆଉ ରଖିବୁ ଘଇତାଖାଇ ?
                                ମାଳତୀ !
କିରୋସିନି ଟୋପେ ଦବୁ କି ମାଳତୀ ଅପା ?
ହଁ-କାଲି-ଓ ! ନାହିଁ ଲୋ...
ବାୟା ଚଢ଼େଇରେ   ବାୟା ଚଢ଼େଇ ତୁ
     ତାଳ ଗଛେ କରୁ ବସା
ତଳକୁ ଆ'ରେ   ମୋ କୁନି କାନ୍ଦୁଚି
     ତୋ ସାଙ୍ଗେ ଖେଳିବ ପଶା ।

ଅରୁନ୍ଧତୀ

ଏ ରାତ୍ରିର ହତୋତ୍ସାହ, ଏ ଶଯ୍ୟାର ଶୀତଳ ଚୁମ୍ବନ
ମଧ୍ୟେ ମୁଁ ତୁମକୁ ଚାହେଁ ଝରକାର ଫାଙ୍କବାଟେ,
ସକଳ ହଜାଇ ସାରି ଆଉ କିଛି ପାଇବା ଆଶାରେ
ମୁଁ ତୁମକୁ ଲକ୍ଷ୍ୟ କରେ ଝରକାର ଫାଙ୍କ ବାଟେ, ତରା,
କ୍ଲୀବ ଆତ୍ମପ୍ରତ୍ୟୟର ଲଜ୍ଜାପ୍ରଦ ଅସ୍ତିତ୍ୱ ସହିତ
ମୁଁ ସାମିଲ୍ କରୁଅଛି ବାହାରର ବିଫଳ ଜ୍ୟୋସ୍ନାକୁ
ଏଇ ଈର୍ଷାର ସହ ମିଳାଉଚି ତମର ଚକ୍ଷୁରେ
କାଚପରି ପାଣିଚିଆ ଓ ନିର୍ଜ୍ଜୀବ ମୋହର ଚକ୍ଷୁକୁ।
ମୁଁ ପୃଥକ୍ କରିଅଛି ପ୍ରଚେଷ୍ଟାକୁ ଆଶାର କୋଳରୁ
ଚେତନାକୁ ଦେଲି ମଧ୍ୟ ସପନର ଶୂନ୍ୟ ବାସ୍ତବତା,
ପ୍ରାଣର ସ୍ପନ୍ଦନ ପାଇଁ ପ୍ରାଣତ୍ୱକୁ ପ୍ରତ୍ୟାଖ୍ୟାନ କଲି
ଅନିଚ୍ଛୁକ ହେଉଅଛି ଖୋଜିବାକୁ ନୂଆ ଅଭିଜ୍ଞତା,
ଏ ରକ୍ତର ସଂଚାଳନ, ଏ ନିଃଶ୍ୱାସ ପ୍ରଶ୍ୱାସ ଅଟନ୍ତି
ନ୍ୟୂନତମ, ଆତ୍ମପୂର୍ଣ୍ଣ କାର୍ଯ୍ୟ ମୋର ଅଙ୍ଗପ୍ରତ୍ୟଙ୍ଗର,
ହେ ତରା, ବିଶ୍ୱାସ କର ମୁଁ ଖୋଜୁଚି ତମପରି କିଛି-
ଅନ୍ୟକୁ ଯେ ଆଶା ଦେବା ସତ୍ତ୍ୱେ ସ୍ୱୟଂ ରହେ ନିର୍ବିକାର।
ମୁଁ ତୁମକୁ ଭକ୍ତି କରେ ଏଡ଼ି ଲକ୍ଷ ଆଲୋକବର୍ଷର
ଅତ୍ୟାଚାରୀ ବ୍ୟବଧାନ, ମୁଁ ତମକୁ ଚିନ୍ତାର ସ୍ନାୟୁରେ
ଅନୁଭବ କରେ ଏବଂ ଆପେ ମଗ୍ନ ହୁଏ
କମ୍ପନବିହୀନ ହୋଇ ଏ ପ୍ରଚଣ୍ଡ ଶୀତଳ ବାୟୁରେ
ପ୍ରେମ ହଉ, ବା ଭୋଜନ, ବା ଭ୍ରମଣ-ଏପରି ଅସଂଖ୍ୟ
କାର୍ଯ୍ୟଅନ୍ତେ ସାର ହୁଏ ଏକ ସୂକ୍ଷ୍ମ ଭାବପ୍ରବଣତା

ଗଣିକାର ଅନ୍ତଃପୁରେ ସାରାରାତ୍ରି ରମଣ ଉତ୍ତାରୁ
ଜାତ ହୁଏ ସେ ଗଣିକା ଲାଗି ଏକ ସହନଶୀଳତା।
ମୁଁ ଭାବୁଛି କେଉଁପରି ଭୋଜନ ଓ ଭ୍ରମଣ ଇତ୍ୟାଦି
କାର୍ଯ୍ୟର ଅଶାନ୍ତିମୟ ଓ ସୁଦୀର୍ଘ ଜଞ୍ଜାଳ ବ୍ୟତୀତ
ଆହୁରି ନିବିଡ଼ ଭାବେ ଅନୁଭବ କରନ୍ତି ସବୁର
କେନ୍ଦ୍ରୀୟ ନିର୍ଯ୍ୟାସ ଯାହା ସ୍ପର୍ଶ ଏବଂ ଚିନ୍ତାର ଚୂଡ଼ାନ୍ତ।

ବାହାରର ପଡ଼ିଆର ନେଳି ନେଳି ଘାସର ଉପରେ
ଦୁଲ୍‌ପରି ବୁନ୍ଦା ବୁନ୍ଦା କାକରର ସ୍ୱଚ୍ଛ ଦର୍ପଣରେ
ଚିକ୍‌ଚିକ୍ କରି ତମେ ବଞ୍ଚି ଉଠ ଅଜବ୍ ଭାବରେ
ବେଖାତିର୍ ଭାବେ ଫିଙ୍ଗି ଆପଣାକୁ ଅସଂଖ୍ୟ ତୃଣରେ,
ଅଥଚ ରହିଚ ପୂର୍ବପରି ସେହି ଆକାଶୀ ଆସ୍ଥାନେ-
ଧନ୍ୟବାଦ, ଅରୁନ୍ଧତୀ, ହଜି ମଧ ହଜି ନାହିଁ ତମେ
ସ୍ଥିତି ଓ ଗତିର ଏକ ଚମତ୍କାର ସାଲିସ୍ କରିଚ
ପ୍ରାଣକୁ ପ୍ରମାଣ କର ଆପାତତଃ ଧ୍ୱସ୍ତବିଚ୍ଛୁରଣେ।
ଏ ବିସ୍ତୃତ ଅସ୍ତିତ୍ୱ ମୁଁ ଝୁରିମରେ, କ୍ରୋଧ ଓ ଘୃଣାରେ
ନିଭୃତରେ ତମକୁ ବି ଅଭିଶାପ ଦିଏ ବାରମ୍ବାର,
ତମେ ହେଲେ ଅନ୍ୟ କେଉଁ ତାରାସଙ୍ଗେ ଧକ୍‌କାରେ ମରନ୍ତ
ଗ୍ଲାନିପୂର୍ଣ୍ଣ ନ୍ୟୂନତାରୁ ମତେ ମଧ କରନ୍ତ ଉଦ୍ଧାର।
ତଥାପି ଏ ହିଂସା ସତ୍ତ୍ୱେ ମୁଁ ତମକୁ ଖୁବ୍ ଭଲପାଏ,
ବେଳେ ବେଳେ ଇଚ୍ଛା ହୁଏ ମୁଁ ତମଠି ଅଦୃଶ୍ୟ ହୁଅନ୍ତି,
ପତଙ୍ଗ ସଦୃଶ ଜାଳି ଆପଣାକୁ ଜ୍ୱଳନ ଉତ୍ତାରୁ
ଅଗ୍ନିର ଚଞ୍ଚଳ ଶିଖା କାନ୍ଧେ କାନ୍ଧ ମିଳାଇ ଚାଲନ୍ତି।

ଖରା

କେହି କେହି ଆଶା ସାଙ୍ଗେ ସୂର୍ଯ୍ୟାଲୋକ ତୁଳନା କରନ୍ତି।

ସେମାନେ ଦେଖନ୍ତେ ଯଦି ଏ ଖରାର ପ୍ରଚଣ୍ଡ ପ୍ରକାଶ
ଆପେ ଜଳି ତୃଣ ଏବଂ ପତ୍ର ଏବଂ ବୁଦାକୁ ଜାଳିବା,
ନିଃଶ୍ୱାସର ଉତ୍ତାପରେ ରକ୍ତ ଶୋଷିନେବାର ପ୍ରୟାସ,
ରକ୍ତ ଶୋଷି ନେବା ପରେ ହୃତ୍‌ପିଣ୍ଡ ଓ ଧମନୀ ପୋଡ଼ିବା-

ସେମାନେ ବୁଝନ୍ତେ ଆଶା କେଉଁପରି ଆଶାୟୀର ପ୍ରାଣ
ଭସ୍ମସାତ୍ କରି ସୁଦ୍ଧା ବଞ୍ଚି ରହେ ଅଙ୍ଗାର ଭିତରେ,
ସକଳ ହରାଇଥିବା ଜୁଆଡ଼ିର ଅଲାଜୁକ ମନ
କେଉଁପରି ବାଧ୍ୟ କରି ତାସ୍ ଦିଏ ଥୋବରା ହାତରେ।

ତା'ପରେ ସେମାନେ ଘୃଣା କରନ୍ତେ ଏ ଆଶାର ରୌଦ୍ରକୁ,
କାମନା କରନ୍ତେ ଖାଲି କାମନାର ଅନୁପସ୍ଥିତିକୁ,
ଈପ୍‌ସାଶୂନ୍ୟ ଅବସ୍ଥିତି ସେମାନଙ୍କ ଈପ୍‌ସାହିଁ ହୁଅନ୍ତା,
ଆପଣାକୁ ହତ୍ୟାକରି ମୃତ୍ୟୁତ୍ୱରେ ପୁନର୍ଜନ୍ମ ଲଭି
ପାସୋରି ଏ ପ୍ରାପ୍ତି-ହାନି ଜାଲ ଏବଂ ପାସୋରି ପୃଥ୍ୱୀକୁ
କାମନାକୁ ଅସ୍ୱୀକାର କରିବାରେ ସେମାନଙ୍କ ଅସ୍ତିତ୍ୱ ରହନ୍ତା।

ମାତ୍ର ଏହା ଅସମ୍ଭବ। ରୌଦ୍ର ତେଣୁ ଆଶାର ବିଭକ୍ତି।

ଲଣ୍ଠନ

କିରାସିନି, କିଛି ଧୂଆଁ, ବତିଶିଖା ଏବଂ କିଛି କୀଟ
ଏ ସମସ୍ତ ଏକାକାର ଏ ଧାତବ ପରିବେଷ୍ଟନୀରେ,
ଏ କଳେଇଛଡ଼ା ଟିଣ ପେଟତଳେ ଅଗ୍ନିର ସମୁଦ୍ର
ଢେଉ ଭାଙ୍ଗି ଜଳୁଅଛି ଭୟଙ୍କର କୃଷ୍ଣ ରଜନୀରେ।

ନିଆଁ ଜଳେ ପୋଷା ମାନି, ମାନି ଏଇ ଟିଣର ପରିଧି
ସର୍କସର ବାଘପରି ଏ ଦୁର୍ଦ୍ଧାନ୍ତ ନିଆଁ ସୁନାପିଲା,
ସତେ ବା ଏ କଳା କଳା ଟିଣ ସାଙ୍ଗେ ପରିଚୟ ନାହିଁ,
ସତେ ବା ସେ ଜାଣେ ନାହିଁ କିପରି ଏ ଲଣ୍ଠନ ତାତିଲା !

ତମେ ଯିଏ ମୌସୁମୀର ଆଳସ୍ୟକୁ ପତା ତଳେ ଝୁନ୍ଦି
ଡୋଳା ସଂଚାଳନ ପାଇଁ ପ୍ରାଣପଣେ ପରିଶ୍ରମ କର
ଏବଂ ଗହଳ ବାଳତଳେ ଲେସି ଦେଇଚ ଚମ୍ପକ,
ତମେ କେବେ ଦେଖିପାର ପ୍ରଜ୍ଜ୍ୱଳିତ ଅସ୍ତିତ୍ୱ ମୋହର ?
ଅନୁମାନ କରିପାର, ମୁଁ ଜଳୁଚି ଓ ଜଳୁଚି ତୀବ୍ର ଦରଜରେ
ମିଡିୟମ ଧୋତି ଏବଂ ଇସ୍ତ୍ରୀ କରା ଅଧା କମିଜରେ ?

ଚଣ୍ଡୀ ପ୍ରତି

ତମେ ଯଦି ହଠାତ୍ କେବେ ବୁଡ଼ିଯାଅ ଭାର୍ଗବୀ ନଈରେ
ଚାରିପାଆ ପାଣିତଳେ ଘୂରି ଘୂରି ପୋତି ହୋଇପଡ଼
(ଧରିନିଅ ଉଦ୍ଧାରର ସବୁ ଚେଷ୍ଟା ଫଳହୀନ ହେଲା)
ଏଥିରେ ସନ୍ଦେହ ନାହିଁ ନଈକୂଳ ତୋଟାର ଛାଇରେ
ପଣସଗଛରେ ଅବା ଉଇଖିଆ ପୁଲାଙ୍ଗ ଡାହିରେ
ତମେ ପୁଣି ରହିଯିବ, ଅଚାନକ ଅନ୍ଧାର ଭିତରେ
ତମର ସାକ୍ଷାତ ପାଇ ଛାଡୁଥିବେ ବୋବାଳି କାତରେ
ଦରିଦ୍ର କେଉଟ ଏବଂ ମରହଟ୍ଟୀ ଭୁଆସୁଣୀମାନେ।
ଏ ନଈ ବଢ଼ିଲା ବେଳେ ପୁନର୍ବାର କାନ୍ଦିବେ ସେମାନେ।

ଯେତେବେଳେ ସାପ ପରି ଚକ୍ ଚକ୍ ଫଣା ଦୋହଲାଇ
ଗୋଳିଆ ପାଣିର ବନ୍ୟା ଗିଳିଦେବ କାଦୁଅର ଘାଇ
ତୁହା ତୁହା ଭଉଁରୀର ଆବର୍ତ୍ତରେ କୁଟା ଓ ପତର
ଚକ୍କର ମାରିବା ସାଙ୍ଗେ ସୂଚାଇବେ ସାମୀପ୍ୟ ଭାଗ୍ୟର,
ସେତେବେଳେ ସେମାନେ ବି କାତରରେ ଜଡ଼ସଡ଼ ହେବେ।
କିଏ, କହ, ସ୍ମରିବ ଯେ ଗୋପବନ୍ଧୁ ଦାସ ଲେଖିଥିଲେ
ଏ ନଈର ବିଷୟରେ ଯେତେବେଳେ ଜେଲ୍‌ରେ ସେ ଥିଲେ ?

କିଏ, କହ, ତମ କଥା ଭିନ୍ନ କରେ ମଶାଣିଚଣ୍ଡୀଠୁ ?
ନୀଳାପରି ଚକ୍ଷୁ ଏବଂ ମାଣିକ୍ୟର ରଙ୍ଗପରି ହସ
ରଜନୀର ଗଭୀରତା, ମଧ୍ୟାହ୍ନର ଅବାଧ ଉଚ୍ଛ୍ୱାସ
ଏସବୁର ସ୍ମୃତି ଦେଖ ହଜିଗଲା ପଲକପାତରେ
ତମରି ଦାଉକୁ ନେଇ ଭୟଗତ ଗୁଜବ୍ ଭିତରେ ।

ଏ ବନ୍ୟାର ପ୍ରକୋପଟା ସ୍ୱପ୍ନପରି ଯଦି ଚାଲିଯାନ୍ତା
ଏ ନଈର କୂଳେ କୂଳେ କେତେ ଗୀତ ପୁନଶ୍ଚ ଶୁଭନ୍ତା ।

ରକ୍ତବାନ୍ତି କରାଇବା, ଜାଲ ମଧ୍ୟୁଁ ମାଛ ଚୋରାଇବା
ଛାଡ଼ି ଯଦି ସମ୍ମାନରେ ତମେ ମରି ପାରନ୍ତ ଜମାରୁ
ମୁଁ କ'ଣ ପାରନ୍ତି ଭୁଲି ତମ ପାଇଁ ଆତ୍ମା ଜଳାଇବା
ଏକମାତ୍ର ବାଟ ଯାହା ମୁକ୍ତ କରେ ଅଙ୍ଗାର ହେବାରୁ ?

ଆଳାପ

-୧-

ଏଠାରେ ଓ ବର୍ତ୍ତମାନ, ମୁଁ ପ୍ରସ୍ତୁତ ଜଳିବାକୁ ତମରି ନିମିତ୍ତ
ନିଆଁର ପତାକା ପରି, ମୁଁ ପ୍ରସ୍ତୁତ ଜାଳିବାକୁ ଅନ୍ତରାତ୍ମା ମୋର,
ଜାଳିବାକୁ ଏ ଦେହ ଓ ତତ୍‌ସଂଲଗ୍ନ ସକଳ ସାମଗ୍ରୀ
ଯଦି ମୁଁ ପାରନ୍ତି ଦେଖି ଦୃଶ୍ୟ ଏକ ପୁନର୍ଗଠନର,

ଯଦି ମୁଁ ପାରନ୍ତି ଜାଣି ପାଉଁଶରେ ପରିଣତ ହେବା
ଉତ୍ତାରୁ ମୁଁ ଜନ୍ମନେବି ଭିନ୍ନ ଏକ ପଦାର୍ଥ ଭିତରେ
ସକଳ ଦୁର୍ଗୁଣ ସତ୍ତ୍ୱେ ତମ ସାଙ୍ଗେ ନିଜର ଅସ୍ତିତ୍ୱ
ସାମିଲ କରିବା ଯୋଗୁଁ ଯାହା ବେଶ୍ ଗର୍ବ କରିପାରେ,

ମୁଁ ପ୍ରସ୍ତୁତ ଅତିକ୍ରମ କରିବାକୁ ଅବଶିଷ୍ଟ ଆୟୁ
ଲକ୍ଷ ଲକ୍ଷ ମହୁରାଳି ଅତିକ୍ରମ କରନ୍ତି ଯେପରି
ମଧ୍ୟାହ୍ନରେ ଜଳୁଥିବା କାଚକେନ୍ଦୁ ପାଣିର ପରଦା,
ଯଦି ମୋର ବ୍ୟାକୁଳତା ଖୋଜିପାଏ ସନ୍ତୋଷ ତମରି।

କିନ୍ତୁ ଯେବେ ଦେହ ମୋର ଧ୍ୱଂସ ହେବ ମ୍ଳାନ ହେବ ନୟନର ଜ୍ୟୋତି
ଏ ସମ୍ବନ୍ଧ ଭାଙ୍ଗିଯିବ ଆପେ ଆପେ, ଆମ ଅନିଚ୍ଛାରେ,
ଏ ଜ୍ୱଳନ ଅବାନ୍ତର ହେବ ଏବଂ ଏହି ବ୍ୟାକୁଳତା
ହଠାତ୍ ଦିନେ ବନ୍ଦ ହେବ, ସମ୍ଭବତଃ ମୋ ମୃତ୍ୟୁ ଉତ୍ତାରେ।

କେତୋଟି ଘଟଣା ଯୋଗୁ ସମ୍ଭବ ଏ ସମ୍ପର୍କର ଖିଅ
ଛିଣ୍ଡିଯିବ ଯେଉଁଦିନ ଚାଲୁହେବ ନୂତନ ଘଟଣା,
ମୁଁ କ'ଣ ପାରିବି ଦେଖି ଆଜି ଯାହା ଦେଖୁଛି ? ରହିବ
ଆଜି ଅଛି ଯେଉଁଠାରେ ମୋର ଏଇ ହାଲୁକା ଚେତନା ?

ତମେ ଦେଖି ପାରୁଥିବ ବହୁବର୍ଣ୍ଣ ଯାହା ଖୁବ୍ ବିରଳ ଏଠାରେ ।
ତମେ ଘୂରି ବୁଲୁଥିବ, ଗୋଲାହାଟେ ଭିନ୍ନ ଭିନ୍ନ ତାରାଙ୍କ ଗହଳି,
ନୂଆ ସୂର୍ଯ୍ୟମାନଙ୍କର ପସରାରେ ବାଟ ଭାଙ୍ଗି ଭାଙ୍ଗି
ତମେ ଘୂରି ବୁଲୁଥିବ, ବୁଲୁଥିବ ବଦଳି ବଦଳି ।

ଯେଉଁ ମନ ଧରି ତମେ ଏ ଅସ୍ତିତ୍ୱ ଭଲ ପାଇଥିଲ
ସେ ମନ ନ ଥିବ କିମ୍ବା ନ ଥିବ ସେ ଅସ୍ତିତ୍ୱର ଲେଶ,
ଏ ଚିନ୍ତାଟା କଷ୍ଟକର, କିନ୍ତୁ କିଏ କହିବ ହୁଏତ
ଏଇଟା ହିଁ ଘଟିପାରେ, ଏଇଟା ହିଁ ସତ୍ୟର ସାରାଂଶ ?

ମାୟାର ଦୀର୍ଘାୟୁ ଅବା କ୍ରମୋନ୍ନତି ଆମର ଆତ୍ମାର,
କେଉଁଟାରେ ପସନ୍ଦ ତମର ?

-୨-

ତମେ ଯିଏ ବୁଝ ମୋର ହୃଦୟର ନିଭୃତ ଉଦ୍‌ବେଗ,
ଅଶ୍ରୁର ତାତ୍ପର୍ଯ୍ୟ ବୁଝ, ବୁଝ ମୋର ପ୍ରୀତିର ବିସ୍ମୃତି,
ସତ କହ ଆମେ କ'ଣ ଅଭିଶପ୍ତ ଯୁଗ ଯୁଗ ସଢ଼ିବା ନିମିତ୍ତ ?
ଚିରନ୍ତନ କାଳ ପାଇଁ ଦାସତ୍ୱରେ ଆମ ଅବସ୍ଥିତି ?

ବୃକ୍ଷରୁ ପଳିତ ପତ୍ର ଝଡ଼ି ଉଠେ ନୂତନ ପଲ୍ଲବ,
ଉନ୍ମାଦନା ହୁଏ ଶିଶୁ, ଶିଶୁ ହୁଏ ବୃଦ୍ଧ ଏବଂ ସ୍ମୃତି,
ସ୍ମୃତି ବି ବିସ୍ମୃତି ହୁଏ, ବାରସୂର୍ଯ୍ୟ ଷୋହଳ ଚନ୍ଦ୍ରମା
ନଭଶ୍ଚୁମ୍ବୀ ଜଳାର୍ଣ୍ଣବ ଅଭ୍ୟନ୍ତରେ ଅବଶ୍ୟ ବୁଡ଼ନ୍ତି ।

କିନ୍ତୁ କିମ୍ବା କର୍ମ ରହେ ଶିଳା ପରି ଅକ୍ଷୟ, ଅମର ?
କିମ୍ବା ତା'ର ଅତ୍ୟାଚାର ଏ ବିକଳ ଆତ୍ମାର ଉପରେ
ସର୍ବଦା କାଏମ୍ ରହେ ? ମୁକ୍ତି କିମ୍ବା ଅବାନ୍ତର ଏଠି ?
ଗୋଟିଏ ଜନ୍ମର କ୍ଳେଶ ପରେ କ'ଣ ବାକୀ ଥାଇପାରେ ?

ମାନୁଛି, ଆମର ସବୁ କର୍ମ ହେଲା ଭ୍ରାନ୍ତ, ସ୍ୱାର୍ଥପର,
ମାନୁଛି, ବଞ୍ଚିଚୁ ଆମେ କାମନା ଓ ସମ୍ଭୋଗ ଆଶାରେ,
ଆହୁରି ମାନୁଛି, ପାପ, ନୀଚତାର ଅତଳ ଗର୍ଭରେ
ଆମେ ବାଟ ହରାଇଚୁ ମିଥ୍ୟା ଏକ ତୃପ୍ତିର ତୃଷାରେ ।

ତଥାପି ଏଇଟା ସତ, ପୃଥିବୀରେ ଅସ୍ତିତ୍ୱ ଘେନିବା,
ନିଃଶ୍ୱାସ ଓ ପ୍ରଶ୍ୱାସର କାରାଗାରେ ପ୍ରାଣର ବନ୍ଧନ,
ଆତ୍ମାର ଅବ୍ୟକ୍ତ ଗତି ଭ୍ରଷ୍ଟ ହୋଇ ଦୃଶ୍ୟ ବାସ୍ତବରେ
ଜଳରେ ଲବଣ ପରି ସାମୟିକ ହେବାର ନିର୍ଶ୍ଚିହ୍ନ-

ଏ ଅବସ୍ଥା ସାଙ୍ଗେ ଆଣେ ସହଜାତ ଦୁର୍ବଳତା କିଛି ।
ଆମେ ତ ଆଣିନୁ ଲୋଡ଼ି ଏ ଅବସ୍ଥା ଏହି ଦୁର୍ବଳତା,
ମିଛକୁ ମଣିଛୁ ସତ, ମାତ୍ର କ'ଣ ତାହା ହିଁ କରନ୍ତୁ
ମିଛକୁ କେବଳ ମିଛ ମଣିବାର କ୍ଷମତା ଥାଆନ୍ତା ?

ଥରେ ମରି ସାରିବାର ପରେ ଏଇ ଅବସ୍ଥାର ଫଳ
ତଳକୁ ଟାଣୁଚି କିମ୍ବା, ପୀଡୁଅଛି ଭୋକ ଓ ପ୍ରୀତିରେ ?
ଗୁଣିଆର ହାଡ଼ଠାକୁ ଓଟାରୁଚି ? ଯେତେବେଳେ ଆମେ
ଭଲରେ ପାରନ୍ତୁ ରହି ବାଧକରେ ଜଘନ୍ୟ କୀର୍ତ୍ତିରେ ?

ତମେ ଯିଏ ବୁଝ ମୋର ହୃଦୟର ନିଭୃତ ଉଦ୍‌ବେଗ,
ଅଶ୍ରୁର ତାତ୍ପର୍ଯ୍ୟ ବୁଝ, ବୁଝ ମୋର ପ୍ରୀତିର ବିସ୍ମୃତି,
ମନେରଖ, ମୁଁ ଚାହୁଁନି ସେ ଆତ୍ମାର ଅମରତ୍ୱ ଅବା
କ୍ଷୟ ଏବଂ ବିଳୟରୁ ସୁଖପ୍ରଦ କୌଣସି ନିଷ୍କୃତି ।

ମୁଁ ଘୃଣା କରୁଚି ଏକ ଚିରନ୍ତନ ଅସ୍ତିତ୍ୱ। ଯଦି ମୁଁ
ପାପ କିଛି କରିଅଛି, ଫଳ ତା'ର ମିଳୁ ଏ ଜୀବନେ,
ତା'ପରେ ମୁଁ ମରିଯାଏଁ ଶାନ୍ତିରେ ଓ ମରିବା ଉତ୍ତାରୁ
ମିଶିଯାଏଁ ଶୂନ୍ୟରେ ଓ ଦେହହୀନ ପବନେ ପବନେ।

- ୩ -

ଗଭୀର ନିଦ୍ରାରେ ଯେବେ ମଗ୍ନଥିଲି ବିଗତ ରାତ୍ରିରେ
ମତେ ହଠାତ୍ ଜଣାଗଲା, ମୁଁ ଦେଖୁଚି ଅଦ୍ଭୁତ ବୈଚିତ୍ର୍ୟ,
ସେ ଏକ ପୃଥକ୍ ପୃଥ୍ୱୀ, ତମେ କିନ୍ତୁ ସେଠି ବୁଲୁଥିଲ
ଅସ୍ତିତ୍ୱର ଚାରିପାଖେ ଧରି ଏକ ଉଜ୍ଜ୍ୱଳ ରଶ୍ମିର
ପ୍ରଭା, ଯା'ର ସମାନ୍ତର କଦାପି ମୁଁ ଦେଖିନି ଜୀବନେ।

ସେ ଜ୍ୱଳନ୍ତ ପ୍ରଭା କିନ୍ତୁ ଏକ ଶ୍ୱେତ ପର୍ଦ୍ଦା ପରି ସ୍ୱଚ୍ଛ।
ସିନେମାର ଛବି ପରି ନାଚୁଥିଲେ ଗୋଟି ଗୋଟି ହୋଇ
ତମର ସକଳ ଲିପ୍‌ସା-ମାଳତୀ ଓ ନାନାଜାତି ଫୁଲ
ପୂର୍ଣ୍ଣ ଏକ ଉଦ୍ୟାନରେ ଦ୍ୱୀପ ପରି ଘର ଖଣ୍ଡେ ପାଇଁ,
ସକଳ ଆକାଙ୍‌କ୍ଷା-ମୋର ସ୍ୱାସ୍ଥ୍ୟ ପାଇଁ ଆକାଙ୍‌କ୍ଷାଟା ମଧ-
ସେ ପର୍ଦ୍ଦାରେ ନାଚୁଥିଲା ମୁହୁର୍ମୁହୁଃ ଉନ୍ମତ୍ତ ଭାବରେ।

କି ଜ୍ୱଳନ୍ତ ଦୀପ୍ତି! ମୁଁ ତ ଭାବିଲି ମୋହର
ଆଖି ଦି'ଟା ଫୁଟିଗଲା ସେ ବିମ୍ବର ଅବଲୋକନରେ।
ତା'ପରେ ବହିଲା ଏକ ପ୍ରଭଞ୍ଜନ ଦୁର୍ଦ୍ଦାନ୍ତ ବେଗରେ
ସତେ ବା ଚିରିବ ତମ ଶରୀରକୁ ଟୁକୁଡ଼ା ଟୁକୁଡ଼ା।
ତୁମେ କିନ୍ତୁ ଛିଡ଼ା ହେଲ ଶାନ୍ତ ଏବଂ ଅବିଚଳ ହୋଇ।
ସେତିକି, ସେତିକି ଅବା ପ୍ରତୀକ୍ଷାର ପାଇଁ ଲୋଡ଼ା ଥିଲା।

ଯେଉଁ ବାତ୍ୟା ଅକ୍ଳେଶରେ ଉତ୍ପାଟନ କରିଥାନ୍ତା ଦ୍ରୁମ
ସେଥିରେ ହଲିଲା ନାହିଁ ତମ ପିନ୍ଧା ଲୁଗାର ପଣତ
ଏବଂ ଏ ଝଡ଼ର ସତ୍ତ୍ୱେ ତମେ ଉର୍ଦ୍ଧ୍ୱେଉଠି ଚାଲିଥିଲ
ତଡ଼ାଗେ ମରାଳ ପରି ଧୀର ମାତ୍ର ସ୍ୱଚ୍ଛନ୍ଦ ଗତିରେ।

କିଛି ଦୂରେ ରହି ଲକ୍ଷ୍ୟ କରୁଥିଲି ମୁଁ ଏ ଉର୍ଦ୍ଧ୍ୱ ଗତି,
ସର୍ବାଙ୍ଗରେ ପୀଡ଼ା ମୋର, ସତେ ଅବା ଶିମୁଳି ଗଛର
କଣ୍ଟାକଣ୍ଟା ଗଣ୍ଡି ଦେହେ କିଏ ମତେ ବାନ୍ଧି ଦେଇଥିଲା।
ଯଦିଓ କୌଣସି ରକ୍ତ ମୋ ଦେହରୁ ନିଗୁଡୁ ନ ଥିଲା
ମତେ ଖାଲି ଲାଗୁଥିଲା କେଉଁ ଏକ ଅଦୃଶ୍ୟ କଂସେଇ
କିନିକିନା କରି ମୋର ହାଡ଼ ମାଂସ କିମା କରୁଥିଲା।
ସେ ଯନ୍ତ୍ରଣା ସତ୍ତ୍ୱେ ମୋର ଇଚ୍ଛା ଖାଲି ହେଉଥିଲା, ତମେ
ଏ ଝଡ଼ର ସମ୍ମୁଖରେ ନିରାପଦେ ରହନ୍ତ ଯେପରି।

ନିଦ ଭାଙ୍ଗି ଯିବାପରେ ଚାରିଆଡ଼ ଅନ୍ଧାର ଦିଶିଲା।
ସେ ଦୃଶ୍ୟର ପତ୍ତା ନାହିଁ। କ୍ଷଣକାଳ ଲାଗି
ମୁଁ ଭାବିଲି ମୋର ଆଖି ଫୁଟିଗଲା ସେ ରଶ୍ମି ନିମିତ୍ତ।
ଅବଶ୍ୟ କଥାଟା ଭିନ୍ନ, ଲଣ୍ଠନଟା ଲିଭିଯାଇଥିଲା
ଯେହେତୁ ଅତ୍ୟଳ୍ପ ତେଲ ରଖିଥିଲା ମାଗୁଣିର ମାଆ।

ଅଳ୍ପ ଦିନର

ମଟର ଭିତରୁ ରାସ୍ତାର ସୌନ୍ଦର୍ଯ୍ୟ

ଆମର ମଟର ଚାଲେ ଘଣ୍ଟାକରେ ପଚାଶ ମାଇଲ
ରାସ୍ତାରେ ଆଲୁଅ ବୋଲି-ରୁଟି ଦେହେ ଲହୁଣୀ ଯେମିତି-
ପ୍ରତ୍ୟେକ ସେକେଣ୍ଡ୍ ପରେ ରାସ୍ତା ଫିଙ୍ଗେ ଭୂତପୂର୍ବ ଦୀପ୍ତି
ଶିକାର ଉତ୍ତାରୁ ଚିତା ଛାଡ଼େ ନିଜ ଚମଡ଼ା ଯେମିତି।

ମହାଶୂନ୍ୟ ଜନପଥେ ଘଣ୍ଟାକରେ ପଚାଶ ମାଇଲ
କାହାକୁ ଭେଟିବା ପାଇଁ? ଆତ୍ମାଶୂନ୍ୟ ଭୂତଙ୍କ ଗହଳି
ଭିତରେ ଆତ୍ମାର ସାଙ୍ଗେ ଲୁଚୁକାଳି ଖେଳିବା ବ୍ୟତୀତ
ସକଳ ଉଦ୍ଦେଶ୍ୟ ନେଇ ମୁଁ ନିର୍ଦ୍ଦୋଷ। ବନ୍ଧୁ, ପଚାରନି
କେଉଁଠି ପଡ଼ିବ ଡେରା, କାହା ସାଙ୍ଗେ କରିବି ସାକ୍ଷାତ,
ଯଦିଓ ମଟର ଚାଲେ ଘଣ୍ଟାକରେ ପଚାଶ ମାଇଲ
ଯଦିଓ ତିରିଶ ଅବା ପଇଁତ୍ରିଶ ମିନିଟ ଉତ୍ତାରୁ
ଆମର ଦେଖିବା କଥା ସେ ଗାଆଁର କୁମ୍ଭାରଙ୍କ ଗଳି,
କେଉଁଠାକୁ ଯିବା ଆମେ କାହା ସାଙ୍ଗେ କରିବା ସାକ୍ଷାତ,
ବନ୍ଧୁ (ମୁଁ ଜବାବ୍ ଦେଲି), ସେ ଖବର ମୋହର ଅଜ୍ଞାତ।

କିନ୍ତୁ ଏ ଅଭାବ ଆଉ ଏ ଶୂନ୍ୟତା କିଆଁ ବାଧାଦେବ
ରାସ୍ତାର ସୌନ୍ଦର୍ଯ୍ୟ ଯଦି ଦେଖିବାକୁ ଇଚ୍ଛାକରେ ଜଣେ?
ଗୋଡ଼ିବାଣ ଗଛ ଜଳେ ଅନ୍ଧାରର ଝାପ୍ସା ଆଲୋକରେ
ରାସ୍ତାର ଦି'କଡ଼େ ବୁଢା ପଲଟଣ ପରି ଧାଡ଼ି ଧାଡ଼ି।
ମୋର ଇଚ୍ଛା ହୁଏ ଆହା ଟିକିଏ ମୁଁ ବୁଲନ୍ତି ଏ ବଣେ,
ସାମାନ୍ୟ ହୁଡ଼ନ୍ତି ବାଟ, ହୁଡ଼ିବାର ସାମାନ୍ୟ ଗୌରବେ

ଟିକିଏ ଗାଆନ୍ତି ଗୀତ–
ଆ, କିନ୍ତୁ ଏମାନେ କିଏ ସେ ?
ହାଟରୁ ବାହୁଡୁଥିବା ମଫସଲି ଗରାଖ ଏମାନେ,
ହାତରେ ଲଣ୍ଠନ, ବାଡ଼ି। ଯଦିଓ ମୁଁ ଛାଇ ଖାଲି ଦେଖେଁ
କେଡ଼େ ନିଦା ଛାଇ ସବୁ! ଯଦି ମୁଁ ଛାଇ ଖାଲି ଦେଖେଁ।
ମୋ ହାତ ହୁଗୁଳା ହୁଏ, ମଟରର ଗତି କମିଆସେ,
କାହିଁକି କେଜାଣି ମୋର ଇଚ୍ଛାହୁଏ ଏଠାରେ ରହନ୍ତି
ଗୋଟିଏ ମିନିଟ୍ ମାତ୍ର, ଯାହାପରେ ଘଣ୍ଟାରେ ପଚାଶ
ମାଇଲ୍ ବେଗରେ ଗାଡ଼ି ଯେଉଁଠାକୁ କହ ନେଇଯାନ୍ତି।

ଗୋଟିଏ ଘର ସମ୍ପର୍କରେ

ଏକଦା ସମୁଦ୍ର କୂଳେ ଥିଲା ଏକ ଘର, ଢେଉ ସବୁ ଯାହାର କାନ୍ଥରେ
ନିର୍ଘାତ ଭାବରେ ପିଟି ହେଉଥିଲେ, ସତେ ଅବା ସହସ୍ର କୃଷକ
ସହସ୍ର ଫାଉଡ଼ା ଧରି ହାଣୁଥିଲେ ପଦିକାଏ ଜମି-
କିଏ ସେ ପଚାରେ କେତେ କ୍ଷତି ଗୋଟେ ମୃତ୍ୟୁର ସାର୍ଥକ ?

ଲୁଣି ହାୱା, ଲୁଣି ପାଣି ସତ୍ତ୍ୱେ, କି ଆଶ୍ଚର୍ଯ୍ୟ, ଘର କିନ୍ତୁ ଅବିକ୍ଷତ ଥିଲା।
ନିଶ୍ଚିନ୍ତ ଭାବରେ ତା'ର ଭିତରର ଲୋକ ନିଜ ବେହେଲା ଉପରେ
କ୍ଷତ ଆଉ ମୃତ୍ୟୁଠାରୁ, କ୍ଷତ ଆଉ ମୃତ୍ୟୁର ଭୟରୁ
ମୁକ୍ତ ରହି ଖେଳୁଥିଲା ନିଶ୍ଚିନ୍ତରେ ବେହେଲା ଉପରେ।

ଏକଦା ସମୁଦ୍ର ହେଲା ସ୍ତବ୍ଧ (ସତେ ଅବା ପିଇକରି ଅଫିମର ମଦ),
ଢେଉ ସବୁ ଅଳସୁଆ ହେଲେ, ନେଳୀ ନେଳୀ ପାଣିର ଉପରେ
ଗୋଟାକେତେ ସମୁଦ୍ରର ପକ୍ଷୀ ବିନା ଦ୍ୱିଧାରେ ଉଡ଼ିଲେ,
କଙ୍କଡ଼ା ଚହଲୁଥିଲେ କୂଳେ କୂଳେ ଫୂର୍ତ୍ତି ସହକାରେ।

ସେଦିନ ରାତିରେ କିନ୍ତୁ ସେହି ଘର ଭୁଶୁଡ଼ିଲା ସମୁଦ୍ର ଭିତରେ
କଅଁଳ ବାଲି ଓ ଟାଣ ପାଣି ମଧ୍ୟେ ଭାଗ ଭାଗ ହୋଇ।
ସେ ଭାବିଲା ଢେଉ ନୁହେଁ ମାତ୍ର ତା'ର ବେହେଲା ଖେଳିବା,
ପାଣି ନୁହେଁ ମାତ୍ର ତା'ର ପାଣି ପ୍ରତି ଅସତର୍କ ହେବା
କାନ୍ଥମୂଳେ ଖୋଳୁଥିଲା ଗର୍ତ୍ତ ବହୁ ବିପଦସଙ୍କୁଳ।

କଅଁଳ ବାଲିରେ ବେଶୀ ପାଣିରେ କିଞ୍ଚିତ୍ ଭାଗ ଭାଗ ହୋଇ
ପ୍ରଚଣ୍ଡ ତରଙ୍ଗ ଏକ ସେ ବିଚରା ପ୍ରତୀକ୍ଷା କରିଲା
ଯାହାକି ଛିଞ୍ଚାଡ଼ି ଦେବ ତା' ହାତରୁ ବେହେଲା ଓ ଛିଞ୍ଚାଡ଼ିବା ପରେ
ଏପରି ଶକ୍ତିରେ ଆସି ପିଟି ହେବ ବେହେଲା ଉପରେ
ଯେ ଉଠିବ ଧ୍ୱନି ଏକ ଯେଉଁ ଧ୍ୱନି ଅର୍ଥର ରୁଧିର
ସଞ୍ଚାଳିବ ଆଜିଯାଏଁ ସର୍ଜିଥିବା ଶୂନ୍ୟତାର ଦେହେ,
ସେ ପାଗଳ ବୋଲି ଗଣା ହେବନାହିଁ ଅନ୍ତତଃ ଏ ଢେଉ ସମ୍ପ୍ରଦାୟେ।

ସେ ଢେଉ ଆସିଲା ସତ, ଲୋକ କିନ୍ତୁ ଜାଣିପାରିଲାନି
ସେ ସ୍ୱୀକୃତ ହେଲା ଅବା ପୂର୍ବାପେକ୍ଷା ଏକ ବୃହତ୍ତର
ଶୂନ୍ୟତାର ସୃଷ୍ଟି ହେଲା। କିନ୍ତୁ ନେଳୀ ପାଣିର ଉପରେ
ସମୁଦ୍ର ଚଢ଼େଇ ସବୁ କାଟୁଥିଲେ ନିର୍ବିଘ୍ନ ଚକ୍‌କର।

ଅବୋଲକରା

ବଜାର ପଡୁଚି ଫାଟି ଆଶ୍ଚର୍ଯ୍ୟ କଥାରେ। ପବନେ ପବନେ
ଚମତ୍କାର ସଙ୍ଗୀତର ବଣଭୋଜି। କାହିଁକି କେଜାଣି
ସେଠାରେ ମାରୁଚି ଡିଆଁ ଏହିପରି ଆକର୍ଷଣ ଏକ
ଯାହାକି ଓଟାରେ ଏବଂ ଧକ୍କା ମାରେ ଏକା ନିଃଶ୍ୱାସରେ।

ଛତାର ଛାଇକୁ ଚାଲ, ବୃତ୍ତାକାର ଛାଇର ତଳକୁ,
ମୁଁ ଖୋଲି ପୋତୁଚି ଛତା। କାହିଁକି କେଜାଣି
ଦୁର୍ବିସହ ଆଶ୍ଚର୍ଯ୍ୟର ବିରୁଦ୍ଧେ ମୋ ଭରସା ଏତକ
ପବନ ସମ୍ମୁଖେ ମତେ ପୂର୍ଣ୍ଣ କରେ ଅପୂର୍ବ ଶୀତ୍କାରେ।

ଛତାର ଛାଇକୁ ଚାଲ, ସା'ନ୍ତେ ଚାଲ, ବୃତ୍ତାକାର ଛାଇ,
ଗଛର ଛାଇକୁ ଦେଖ, କେତେ ବାଟ ମାଡ଼ି ଆସିଲାଣି !
ପ୍ରଥମେ ଯେଉଁଠି ଥିଲା, ବର୍ତ୍ତମାନ ଯେଉଁଠି ରହିଚି
ଏ ବ୍ୟବଧାନକୁ ଯୋଡୁ ପୋଲପରି ଗୋଟିଏ କାହାଣୀ।

ବାଇଗେଣି ଆଳୁଅରେ ଯେଉଁମାନେ ରୋଜ୍ ଗାଧୁଆନ୍ତି
(ସେମାନଙ୍କ ମନେ ମନେ ବାଇଗେଣି ଏକମାତ୍ର ରଙ୍ଗ)
ସେମାନେ କାହାନ୍ତି ଆଉ କାହିଁ ଏଇ ଦରିଦ୍ର ଭଣ୍ଡାରୀ !
(ପର୍ବତ ଘେନୁଚି ପ୍ରାଣ, ଗୁମ୍ଫା ଦେହେ ନୂତନ ଉନ୍ମାଦ)
କିନ୍ତୁ ମୋର ଲୋଭ ହୁଏ, ଆଃ, ତାଙ୍କ ଅନ୍ଧତାର ପ୍ରଥମ ସୌନ୍ଦର୍ଯ୍ୟ !
(ରାଜକନ୍ୟା ଗାଧୋଉଚି। ବାଃ, ବାଃ, ଧନ୍ୟ ଏହି ଗୁମ୍ଫାର ପ୍ରସଙ୍ଗ !)

ରହସ୍ୟର ସ୍ୱପ୍ନ କ'ଣ ଆଧୁନିକ ଗଦ୍ୟ ପାରେ ଧରି ?
ଚେଷ୍ଟା କିନ୍ତୁ କରାଯାଉ। ପ୍ରସ୍ଥାନ ରହସ୍ୟ। ପ୍ରବେଶ ଶ୍ରୀ ଶବ୍ଦ।

ମଥାନ ଉପରେ ସୂର୍ଯ୍ୟ, ଛାଇ କ୍ୱଚିତ୍ ଦେଖାଯାଉଛନ୍ତି।
ଖାଲି ଗୋଟେ କଳା ଛଉ। କେତେ ଛୋଟ ଖଣତି ସହିତ
କି ଗଭୀର ଗର୍ତ୍ତ ଏକ ଅନାୟାସେ ଖୋଳାଯାଇପାରେ !
ବର୍ତ୍ତମାନ ମୋର ମନ ଜର୍ଜ୍ଜରିତ ହେବା ସତ୍ତ୍ୱେ ଶାନ୍ତ।

ସବୁବେଳରୁ ଏ ବେଳ ତମେ କିଆଁ ବାଛିଲ ସାଆନ୍ତେ
ଏମିତି କଠିନ ଦୃଷ୍ଟି ଛାଡ଼ିବାକୁ ମୋହର ଉପରେ ?
ଗୁମ୍ଫା କଥା, ହାୱା କଥା ଭାବିକରି ପାପ କଲି ଯେବେ
ସେ ଭୁଲ୍ ଆପଣା ଛାଏଁ ଅନ୍ତର୍ଦ୍ଧାନ ହୋଇଯିବା କଥା
ତରୁଣୀର ନୟନରୁ ସ୍ୱପ୍ନ ପରି, ଗଛ ଛାଇ ପରି।
ପଇତା ଜଳୁଚି କିଆଁ ? ହାୱାର ଦେହରେ
ସହସ୍ର ନୟନ ଯଦି ଲାଖିଛନ୍ତି, ଛାଇ କ'ଣ କେବେ
ଧିକ୍କାରରେ ଜାଳିବସେ ଆପଣାର କ୍ଷୟର ଭଦ୍ରତା ?

ପତଙ୍ଗ

ରାଗିବି ? ଭାଙ୍ଗିଦେବି କପ୍ ଓ ପିଆଲା ? ଟେବୁଲଟା ଓଲଟାଇ ଦେବି ?
ରେଡ଼ିଓକୁ ବନ୍ଦ କରି ଦେବି ଏକ ବ୍ୟକ୍ତିଗତ କାରୁଣ୍ୟର
ନିର୍ଲଜ୍ଜ ପ୍ରଚାର ?
କୂଅକୁ ପଡ଼ିବି ଡେଇଁ ?
କିନ୍ତୁ କପ୍ ଓ ପିଆଲା ଚୂନା ହୋଇଗଲା ପରେ, ଟେବୁଲଟା
ଲେଉଟିଲା ପରେ,
କୂଅର ଅସହ୍ୟ ବାମ୍ପ, ସ୍ୱାଦୁ ନୁହେଁ ପାଣି
ମୋର ଶ୍ୱାସ ପ୍ରକ୍ରିୟାକୁ ରୁନ୍ଧି ଦେଇ କାବୁ କଲା ପରେ
କାରଣଟା ମରିଥିବ, ବଗିଚାରେ ଖାଲି ଥିବ ଚମ୍ପାଗଛ, ଚାଷକରା ଦୁବ ?
ନିର୍ଦ୍ଦିଷ୍ଟ ଦୂରତ୍ୱ ପରେ
ଉତ୍ତପ୍ତ ମରୁରେ ଖାଲି ଜଳପୂର୍ଣ୍ଣ ମରୁଦ୍ୟାନ ଥିବ ?
ନ ଥିବ ଏମିତି ମୂର୍ତ୍ତି ଯାହା ନିଜ ରହିବା ଫଳରେ
ଆତ୍ମାକୁ ଚିଡ଼ାଏ (ଯେଣୁ ଆତ୍ମା ତା'ର ପ୍ରାଣ ଘୃଣା କରେ) ?

ଯଦି ଭଙ୍ଗା ଚୀନାପାତ୍ର, ଅସ୍ତବ୍ୟସ୍ତ ଆସବାବ, ଯଦି
କୂଅର ଦୁର୍ଗନ୍ଧ ବାୟୁ ଏବଂ ପାଣି ପୋତି ପାରୁଥାନ୍ତେ
ଏ ମୂର୍ତ୍ତିକୁ, ସଙ୍କୁଚିତ ପ୍ରସାରିତ ମାଂସପେଶୀ ଯଦି
ଏ ମୂର୍ତ୍ତିର ବାସ୍ତବତା ଅନ୍ତର୍ଦ୍ଧାନ କରି ଦେଉଥାନ୍ତେ
(ଅନ୍ତତଃ ଏହାର ମାୟା ଖାଲି ଏକ ମାୟାରେ ରଖନ୍ତେ),
ତେବେ ମୁଁ ବିଶ୍ୱାସହୀନ ଆନନ୍ଦରେ କାନ୍ଦନ୍ତି ଯେହେତୁ
ସବୁ କିଛି ଅଛି ଠିକ୍ ଯେଉଁପରି ସବୁ କିଛି ଅଛି,

ଅତ୍ୟନ୍ତ ବିଶ୍ୱାସ ମୋର ପ୍ରୟୋଗର ଆହ୍ୱାନ ପାଏନି,
ଯେହେତୁ ମୋ ଅସ୍ତିତ୍ୱର ପୃଥ୍ୱୀ ହାତେ କ୍ଷମତା ରହିଛି
ମୋ କ୍ଳେଶର ପୃଥିବୀକୁ ଦେବା ପାଇଁ ଆଦେଶ, ଯେହେତୁ
ମୋ କଳ୍ପନା ତାସ୍ ଖେଳେ ହାତେ ରଖି ସବୁ ରଙ୍ଗ ଘର,
ଆଶ୍ଚର୍ଯ୍ୟ ଜାଳିଛି ଯେଣୁ ଘଟଣାର ସମସ୍ତ ଭଣ୍ଡାର।

କାରଣ ମରିବ ନାହିଁ। କ୍ଳେଶର ପୃଥିବୀ
ଏକମାତ୍ର ପୃଥିବୀ ଯା ଅପାର୍ଥିବ ମିଥ୍ୟାରୁ ସ୍ୱାଧୀନ,
ନିରାଶାର ଅନୁଭୂତି ଏକମାତ୍ର ଅନୁଭୂତି ଯାହା
ମୁଁ ପାରିବି ଅନୁଭବି। ହେ ଅଦୃଶ୍ୟ ଅଗ୍ନିର ସ୍ପନ୍ଦନ!
ମତେ ତମେ ଦଗ୍ଧ କର।

ଦଗ୍ଧ କର ଏ ଦେହ ଓ ଏ ଦେହର ସକଳ ଭ୍ରାନ୍ତିକୁ
ଦଗ୍ଧ କର ଏ ଆତ୍ମା ଓ ଏ ଆତ୍ମାର ସକଳ ସ୍ଖଳନ
ପାଉଁଶ ବି ରଖ ନାହିଁ ଯେହେତୁ ମୋ କ୍ଳେଶର ପୃଥିବୀ
ପାଉଁଶ ବି ଲୋଡ଼ିବସେ, ଲୋଡ଼ି ବସେ ସ୍ମୃତିର କ୍ରନ୍ଦନ।

ଦିଲ୍ଲୀ (ରାତି)

ନିଦ (କୁତବ୍ ଓ ଲାଲ୍‌କିଲ୍ଲା, ଡ୍ରାଇଭର, ଗୁଲିଆ ସଇସ
ପ୍ରତି ବସ୍ତି, ପ୍ରତ୍ୟେକ ଦପ୍ତର ଇତ୍ୟାଦି ।) ଅଗସ୍ତିର ଫୁଲ ପରି ଚନ୍ଦ୍ର
ମିଟିମିଟି ଅନ୍ଧାରର ଖୋଳପାରେ ବ୍ୟର୍ଥ ଛୁଞ୍ଚି ଫୋଡ଼େ,
ବ୍ୟର୍ଥ ଗୀତ ଗାଏ ଜୁମା ମସ୍‌ଜିଦ୍‌ରୁ (ଅନ୍ଧାରର ସମୁଦ୍ର ଉଦ୍ଦେଶ୍ୟେ ?)
କିଏ ଅନୁବାଦ କରେ ଏ ମୃତ୍ୟୁକୁ ସ୍ୱପ୍ନର ରହସ୍ୟେ ?
ଟାଇପିଷ୍ଟ୍ ଝିଅ ସଙ୍ଗେ ଯମୁନାର ମୋହ କିଏ ଯୋଡ଼େ ?

ଏ ନିଦ ବିଚ୍ଛିନ୍ନ କରେ ସକଳ ସମ୍ବନ୍ଧ, ଫାଇଲ୍‌ରୁ ରାସ୍ତାର ବ୍ୟସ୍ତତା,
ଉଦ୍‌ବେଗରୁ ସମୟକୁ, ରେଶମ ଓ ଜରିଠୁଁ ନୟନ,
ଏ ନିଦ ସକଳ ଖୋଲେ, ଚିତ୍‌କାରରୁ ନିରାଶ୍ରୟ ହିଂସା
ଚନ୍ଦ୍ରଠାରୁ ଉନ୍ମାଦ ଓ ରାତ୍ରିଠାରୁ-ଏ ରାତ୍ରିରି ଅଛି ବା କଅଣ ?
ବର୍ଷାପରି ଧୋଇନିଏ ହାୱାପରି ଉଡ଼ାଇ ବି ନିଏ
କତୁରୀର ପରି କାଟେ ହାତୁଡ଼ିର ପରି ଚୂନା କରେ
ଜଙ୍ଗଲର ପରି ଢାଙ୍କେ ଏ ନିଦ ଏ ନିଦ ଏବେ
ଶାଲ ପରି ଲମ୍ବି ଯାଏ ଲମ୍ବା ଚୌଡ଼ା ଦିଲ୍ଲୀର ସହରେ

ଚାଲ ଆମେ ବୁଲିଯିବା, କାନ୍ଥେ କାନ୍ଥେ ଅକ୍ଷର ପଢ଼ିବା
[ସକାଳେ ଯଦିଓ ଆମେ ଆମ ଆଗେ ମିଛୁଆ ପାଲଟୁଁ
(ପାଣିସବୁ ଜଳୁଚନ୍ତି । ଚକ୍ରବାଳ ପାଖେଇ ଆସୁଚି
ଆକାଶ ଓହଳି ପଡ଼ି ଛୁଉଁଅଛି ପୃଥିବୀର ପାହି)]
ସ୍ତବ୍‌ଧତାର ମୌକା ନେଇ ଚାଲ ଚାଲ ଶୀଘ୍ର ବାହାରିବା

ଯଦି ଖୁବ୍ ନିଦ ମାଡ଼େ ତାହା ହେଲେ କଥାବାର୍ତ୍ତା ହେବା
କିନ୍ତୁ କାନ୍ଥମାନଙ୍କରେ ଅକ୍ଷର ପଢ଼ିବା। ନାହିଁ କର ନାହିଁ।
ଚାଲ ଚାଲ, ଖୁବ୍ ନିଦ ମାଡ଼େ? ତମେ କିଆଁ ଏତେ କାମ କର?
ତମେ କିଆଁ ରାଜି ହୁଅ ନାହିଁ? ଖୁବ୍ ବେଶି ବିଦ୍ରୋହ ନ କର
ଖୁବ୍ ବେଶି ରାଜି ହୁଅ ନାହିଁ, ମଝି ମଝି ବାଟ ଗୋଟେ ଧର।

ବାକ୍ୟହୀନ ବିଦ୍ରୋହର ବାଟ ଧର, ମଝି ମଝି ବାଟ ଗୋଟେ ଧର।
ଯେତେବେଳେ ଘରସବୁ ଫୁଲପରି କୁଢ଼େଇ ପଡ଼ନ୍ତି ଦୃଷ୍ଟିପାତ ନ କର ନ କର
ଯେହେତୁ ତମର ସବୁ ଦୃଷ୍ଟି ସତ୍ତ୍ୱେ ଘରମାନ କୁଢ଼େଇ ହିଁ ହେବେ
କିନ୍ତୁ କେବେ ଆଖି ବନ୍ଦକର ନାହିଁ ଉଠୁଥିବା ଘରସବୁ ଆଡ଼େ
ଉଠୁଥିବା ଘରସବୁ ତମର ଦେହାନ୍ତ ପରେ ମୋଟାମୋଟି ଅକ୍ଷୁଣ୍ଣ ହିଁ ଥିବେ
ଉଦ୍‌ବିଗ୍ନ ନ ହୁଅ ଆଦୌ, ଯେହେତୁ ଉଦ୍‌ବେଗ
କେବଳ ସୂଚାଇ ପାରେ ଯମୁନାରେ ପାଣି ପଡ଼ିଅଛି,
ଗୀତ ଆଦୌ ଗାଅ ନାହିଁ ଗୀତ ଯେଣୁ ପ୍ରମାଣିତ କରେ
ତମର ହାଡ଼ରେ ତମ ପିତୃବ୍ୟଙ୍କ ବିଶ୍ୱାସ ବଞ୍ଚିଛି।

ଚାଲ ଆମେ ବୁଲିଯିବା। ବୁଲିଯିବା? ଯଦି କେବେ ପ୍ରତାରଣା ଦେଖ
ବିଛଣାରେ ଶୋଇପଡ଼ି ଖୁବ୍ ବେଶି ଘୁଙ୍ଗୁଡ଼ି ମାରିବ,
ଏବଂ ଏକ ନୂଆ ସ୍ୱପ୍ନ ନୂଆ ଏକ କସ୍‌ରତ୍ ପାଇଁ
ତମକୁ ପ୍ରେରଣା ଦେବ, କସ୍‌ରତ୍ ସବୁବେଳେ ଗ୍ରହଣ ଲାଏକ୍
ଯେ ପର୍ଯ୍ୟନ୍ତ ତାହା ଖାଲି କସ୍‌ରତ୍, ନାହିଁ ଆଦୌ କାଳର ପ୍ରଭାବ,
ବିଚାର ଓ ଶୋଚନା ନାହାନ୍ତି, ପରୀକ୍ଷାର ଦୁର୍ବଳତା ନାହିଁ,
ଛାୟାଙ୍କ ସିଦ୍ଧାନ୍ତ ନାହିଁ, କସରତ୍ ସବୁବେଳେ ଗ୍ରହଣ ଲାଏକ୍
ଯେ ପର୍ଯ୍ୟନ୍ତ ତାହା ଖାଲି କସ୍‌ରତ୍। ଚିତ୍କାର (ଲଜ୍ଜାନାହିଁ ହୃଦୟରେ ତବ?
ସାମାଜିକ ପରମ୍ପରା ସମ୍ପର୍କୀୟ ସମୀକ୍ଷା କି ନାହିଁ)?
ରୁ ମୁକ୍ତ ଏ କସ୍‌ରତ୍, କସ୍‌ରତ୍ ସବୁବେଳେ ଗ୍ରହଣ ଲାଏକ୍
ଯେ ପର୍ଯ୍ୟନ୍ତ ତାହା ଖାଲି କସ୍‌ରତ୍। ଚିତ୍କାର (ଏ ଔଷଧ ବିକ୍ରେତାର
ନୂଆ ଗାଡ଼ି ଦେଖ, ଏବଂ ଦେଖ ସେହି ଦୋକାନୀ ମୁହଁରେ

ଆଶ୍ଚର୍ଯ୍ୟକୁ, ଯେହେତୁ ସେ କିଣୁଅଛି ଯାହା ଆଦୌ ସେ କିଣୁ ନ ଥିଲା
ଏବଂ ଯାହା କିଣୁଥିଲା ତାହା ଆଜି ଆଦୌ କିଣୁ ନାହିଁ)
ରୁ ମୁକ୍ତ ଏ କସ୍ରତ୍, କସ୍ରତ୍ ସବୁବେଳେ ଗ୍ରହଣ ଲାଏକ୍
ଯେ ପର୍ଯ୍ୟନ୍ତ ତାହା ଖାଲି କସ୍ରତ୍। ଚାଲ ଚାଲ ଆମେ ବୁଲିଯିବା।
ଚାଲ ଚାଲ ବୁଲିଯିବା କାନ୍ଥ କାନ୍ଥେ ଅକ୍ଷର ପଢ଼ିବା।
କିନ୍ତୁ ମୁଁ ସନ୍ଦେହ କରେ ଡୋଳା ସବୁ ନିଷ୍କ୍ରିୟ ହେଲେଣି,
ମେଞ୍ଚା ମେଞ୍ଚା ଅସୁନ୍ଦର ଆଲୁଅରେ କାନ୍ଥ ସବୁ ସଫେଦ୍ ହେଲେଣି।
ପାଣିର ଅଙ୍ଗାର ଦେଖ ନେଳୀ ଦିଶେ। ମୁଁ ସନ୍ଦେହ କରେ
ଗୁଡ଼ିଏ ଅଦୃଶ୍ୟ ହାତ ସମ୍ପର୍କର ଡୋର ବୁଣିଲେଣି
ଓ ରାତ୍ରିର କାନ୍ଥ ସବୁ ଲୁଣ ପରି ମିଳାଇ ଗଲେଣି।

ଯଦି ଆମେ ପଡ଼ିଯାଉଁ କ'ଣ ଧରି ଉଠିବା ପୁନଶ୍ଚ ?
ଯଦି ଆମେ ହଜିଯାଉଁ କ'ଣ ଦେଖି ବାଟକୁ ଫେରିବା ?
ଯଦି ଆମେ ଡରିଯାଉଁ କ'ଣ ଦେଖି ଭରସା ପାଇବା ?
ଚାଲ ତେବେ ଫେରିଯିବା, କାନ୍ଥମାନେ ମିଳାଇ ଗଲେଣି
ପାଣିର ଅଙ୍ଗାର ଦେଖ ନେଳୀ ଦିଶେ, ଆହା କି ସୁନ୍ଦର !

ବୋଇତ ବନ୍ଦାଣ

ଶୁଣି ଶୁଣି ରେସ୍ତୋରାଁର ଗୀତବାକ୍ସ ଗୀତ
ତମେ ଯେବେ କ୍ଳାନ୍ତ ହୋଇଯିବ
ପିନ୍ଧି ପିନ୍ଧି ଜରି ଆଉ କୃତ୍ରିମ ରେଶମ
ତମେ ଯେବେ କ୍ଳାନ୍ତ ହୋଇଯିବ
ଦେହରୁ ଉତାରି ଜରି କୃତ୍ରିମ ରେଶମ
ତମେ ଆସ ସମୁଦ୍ର କୂଳକୁ
ଆତ୍ମାରୁ ଉତାରି ଅନୁପସ୍ଥିତ ସଙ୍ଗୀତ,
ତମେ ଆସ ସମୁଦ୍ର କୂଳକୁ।

ସମୁଦ୍ର ନାଚୁଚି ଅବା ନାଚୁଚନ୍ତି ଝିଅମାନେ ପଞ୍ଚମ ଶ୍ରେଣୀର
ସମୁଦ୍ର କୂଳର ଦେହେ ଘଷିହୁଏ ଆଲୁଅରେ ବାଦୁଡ଼ି ଯେମିତି
ସମୁଦ୍ର ଗଡ଼େଇ ହୁଏ ବାଲିଶେଯେ ଅବା ଏକ ଅହିଂସ୍ର ଭୁଜଗ
ସମୁଦ୍ର ଅପେକ୍ଷା କରେ, କ୍ଳାନ୍ତ ନାରୀ, ତମରି ସମ୍ମତି।

ତମେ ଯେବେ କ୍ଳାନ୍ତ ହେବ ଶୁଣି ଶୁଣି ରେସ୍ତୋରାଁର ଗୀତ
ତମେ ଯେବେ କ୍ଳାନ୍ତ ହେବ ପିନ୍ଧି ପିନ୍ଧି କୃତ୍ରିମ ରେଶମ
ସମୁଦ୍ର କୂଳକୁ ଆସ ଧୈର୍ଯ୍ୟ ଧରି, ସମୁଦ୍ର ତମର
କ୍ଷତି ତ କରିବ ନାହିଁ, ବରଂ ଦେବ ପ୍ରଚୁର ଆରାମ।

କୌଣସି ଡଙ୍ଗାରେ ବସ, ସମୁଦ୍ର ତା' ଆପଣା ଇଚ୍ଛାରେ
ଡଙ୍ଗାକୁ ଚଳାଇ ନେବ, ଭୋକ କଲେ ସମୁଦ୍ରର ଜଳ
ସହିତ ଗୋଳାଇ ଫେଣ ଯେତେ ଇଚ୍ଛା ସେତେ ଖାଇପାର,
ଶୋଷ କଲେ ପିଇପାର ସମୁଦ୍ରର ଅକଳନ୍ତି ଜଳ।

ଡଙ୍ଗା ବୁଡ଼ିଯିବା ଭୟ ଆଦୌ ତମେ ନ ଆଣ ମନକୁ।
ଡଙ୍ଗା ଯଦି ବୁଡ଼ିଯାଏ ଉପରର ପାଣିର ଚାପରେ
ଚୂନା ହୋଇଯାଇ ପ୍ରତି ବିନ୍ଦୁ ସାଙ୍ଗେ ମିଶି ହୋଇଯିବ
ପୁନର୍ବାର ଯୋଡ଼ି ହୋଇ ଭାସୁଥିବ ସମୁଦ୍ର ଉପରେ।

ତମର ଆଶ୍ଚର୍ଯ୍ୟ ସ୍ନାନ ପରେ ଏକ ଲେଉଟାଣି ହାୱା
କୂଳକୁ ଆଣିବ ଡଙ୍ଗା, ଯେଉଁଠାରେ ତମର ସ୍ୱାଗତ
ପାଇଁ ଛିଡ଼ା ହୋଇଥିବ ଆଗ୍ରହରେ ସମଗ୍ର ପୃଥିବୀ
ଲୋତକର ସ୍ମୃତି ଏବଂ ଜର୍ଜରିତ କ୍ଷତର ସହିତ।

ଯୋଡ଼େ ଚମ୍ପୂ

-୧-

ଗଲାବର୍ଷ ଯେତେବେଳେ ପଡ଼ିଥିଲା ପ୍ରଚଣ୍ଡ ମରୁଡ଼ି
ସେ କ'ଣ ଦେଖାଇଥାନ୍ତା ଏଇ କ୍ଷେତ ଏମିତି ଗର୍ବରେ ?
ଏ ବର୍ଷର କାଦୁଅରେ କ'ଣ ଅବା ଲାଖ ମରିଅଛି ?
ଗଲାବର୍ଷ କିଏ ବନ୍ଦ କରୁଥିଲା ମୁହଁର ଭୁରୁଡ଼ି ?
ଏ ବର୍ଷ କିଏସେ ଅବା ସବୁ ବାଡ଼ବତା ଖୋଲିଅଛି ?

ବିପତ୍ତି କାହାକୁ ଭଲ ଲାଗେ ନାହିଁ, ତେଣୁ ଗଲାବର୍ଷ
ବିପତ୍ତି ସେ ମାଡ଼ିଦେଲା ନୀରବତା ସିନ୍ଦୁକ ଭିତରେ ।
ଯଦିଓ ଏ ହିଡ଼ ଥିଲା, ଯଦିଓ ଏ କ୍ଷେତ୍ରଫଳ ଥିଲା
କିପରି ସେ ଯୋଡ଼ିଥାନ୍ତା ଏହା ସାଙ୍ଗେ ଭୟର ଆଦର୍ଶ ?
କିଏ ଜାଣେ, ସିନ୍ଦୁକରେ ନିଜେ ସିଏ ଥିଲା କି ନ ଥିଲା ?

ବିପତ୍ତି କାହାକୁ ଭଲ ଲାଗେ ନାହିଁ, ତେଣୁ ଗଲାବର୍ଷ
ମୁଁ ଖୁବ୍ ସନ୍ଦେହ କରେ ମୁଁ ଆଦୌ ଆସିଥାଆନ୍ତି ବୋଲି ।
ଯଦିଓ ଏ ହିଡ଼ ଥିଲା ଯଦିଓ ଏ କ୍ଷେତ୍ରଫଳ ଥିଲା
ମୁଁ କିପରି ନ ଯୋଡ଼ନ୍ତି ଏହା ସାଙ୍ଗେ ଭୟର ଆଦର୍ଶ ?
ଏ ବର୍ଷ ହୋଇଚି ବର୍ଷା, ବେଶ୍, ବେଶ୍ ଖୁବ୍ ଭଲ ହେଲା ।

-୨-

ଯେତେବେଳେ ପିଠି ଭାଙ୍ଗି ପଡ଼େ ମୋ ଭାରର
ଆତିଶଯ୍ୟେ ଯେତେବେଳେ ମୋ ହାଡ଼କୁ ଯୋଡୁ
ଥିବା ପେଚ୍‌କଷମାନେ ଢିଲା ହୋଇ ବଙ୍କା
ହୋଇଯାନ୍ତି, ସେତେବେଳେ କେଜାଣି କୁଆଡୁ
ପଲେ ମାଇକିନା ଆସି କହନ୍ତି ମୁଁ ତାଙ୍କର
କଥା ଖାଲି ଭାବୁଥାଏଁ, ଅଣ୍ଟା ମୋର ରହୁ ଅବା ଛିଡୁ ।।

ଆଚ୍ଛା ହଉ ମାଇକିନାମାନେ ମୁଁ ତମର
କଥାହିଁ ଭାବୁଚି, ଏବଂ ଯେବେ ମୋର ପିଠି
ଆହୁରି କୁର୍ଣ୍ଣିସ୍ କରେ ସେମାନେ ଭାବନ୍ତି
ମୁଁ ପରା ଲାଗିଚି ହୁତ ମୁକ୍ତିକୁ ସାଉଁଟି !
ତା'ପରେ ମୋ ସାଂଗେ ଖୁବ୍ ଉତ୍ସାହେ ଲାଗନ୍ତି
କାରଣ ବ୍ୟାକୁଳେ ମୁକ୍ତି ଖୋଜେ ମୁହିଁ ଯେଉଁଠି ସେଇଠି ।

ଆହାହା ବିଚାରୀମାନେ ତମେ ଯଦି ଖାଲି
ବୁଝନ୍ତ କୌଶଳ ମୋର ଭାଙ୍ଗି ପଡ଼ିବାର
ତା'ହେଲେ ହୁଏତ ପୁନର୍ବିଚାର କରନ୍ତ
ଦେବ କି ରଖିବ ଶ୍ରମଝାଳ ଓ ଶୀତ୍କାର ।

ଛାୟା ଚୁମ୍ବନ

-୧-

ମୁଁ ତୁମକୁ କେତେ ଇଚ୍ଛା କରେ ! ଅବା ମୁଁ ନିଜକୁ
ଇଚ୍ଛାକରି ଆସୁଅଛି ? ଯାହାହେଉ, କେତେ ମୁଁ ଚାହିଁଚି
ତମେ ହେଲେ ଖରଶ୍ୱାସ ଛାଡୁଥାନ୍ତ ମୋର ଦେହତଳେ
ସମ୍ପୂର୍ଣ୍ଣ ସ୍ୱାଧୀନ ହୋଇ ନାନାରଙ୍ଗ ବିରଙ୍ଗ ଲୁଗାରୁ।
ତମେ ଜଳି ଜାଳୁଥାନ୍ତ...କେତେ ମୁଁ ଚାହିଁଚି !
ତା'ପରେ ମୁଁ ଦେଖୁଥାନ୍ତି ଝରକାରୁ ନିର୍ଜ୍ଜନ ରାସ୍ତାକୁ
କାନ୍ଦୁଥାନ୍ତି, ଅନୁତାପ କରୁଥାନ୍ତି...କେତେ ମୁଁ ଚାହିଁଚି !

ଏ କଳ୍ପନା ପରେ କାହିଁ ବାସନାର ଧ୍ୱଂସ ଅବଶେଷ ?
ସ୍ୱପ୍ନ ପାଇଁ ଯଥେଷ୍ଟ ଦୁର୍ବଳ, କ୍ରମାଗତ ଇଚ୍ଛାର ନିମିତ୍ତ
ତମେ ଥିଲ ଯଥେଷ୍ଟ କଠିନ, ଝରକାରୁ ନ ଚାହିଁଥାନ୍ତି କି
ଏ ରାସ୍ତାକୁ (ଅନ୍ଧାରୁଆ, ଭୀଷଣ ନିଭୃତ) !
ରାସ୍ତା ହେଲେ ପୂର୍ଣ୍ଣଥାନ୍ତା, ଗହଳିରୁ ବାହାରି ତମକୁ
ନ ଦେଖି ଥାଆନ୍ତି ହେଲେ... କେତେ ମୁଁ ଚାହିଁଚି !

–୨–

ସେମାନେ ତୋଳନ୍ତି ଦେଖ ଗଡ଼ିଆରେ କନିଶିରି ଶାଗ,
କାଚ ପରି ସ୍ଥିର ପାଣି, ହଲଚଲ କାଚ ଅନୁଯାୟୀ,
ସେମାନଙ୍କ ଛାଇମାନେ ତୋଳୁଚନ୍ତି ସେମାନଙ୍କ ସ୍ତନ,
ଉଭୟଙ୍କ ଅଣ୍ଟିପୂର୍ଣ୍ଣ, ମାଇପେ ଓ ସେମାନଙ୍କ ଛାଇ।

ଆକାଶରେ ଦେଖ ଉଏଁ ଏକ ଖୁବ୍ ଉଜ୍ଜ୍ୱଳ ନକ୍ଷତ୍ର
ପୃଥିବୀରେ ଦେଖ ମଧ୍ଯ ତାରା ଏକ ହୁଏ ଆବିର୍ଭାବ।
ସେ ନକ୍ଷତ୍ର ଯେତେବେଳେ ତୋଳୁଥିବ ଆମକୁ, ଏ ତାରା
କ'ଣ ତୋଳିପାରୁଥିବ ନକ୍ଷତ୍ରର କର୍ତ୍ତବ୍ୟ ବା ଲୋଭ ?

ଆମର କାହିଁକି ମୁଣ୍ଡବଥା ଭାଇ, ଅସ୍ତହେବା ଆଗୁଁ
ଉଭୟଙ୍କ ଅଣ୍ଟି ହେବ ପୂର୍ଣ୍ଣ, ଏବଂ ଏ ବିଚ୍ୟୁତି ପାଇଁ
ଏକର ବା ଆରକର ବୁଜୁଳାରେ ଆମେ ଭାଳୁଥିବା
ବନ୍ଧାବନ୍ଧି ହୋଇସାରି ଠିକ୍ ଦାମ୍ ମିଳିଚି କି ନାହିଁ।

ଆତ୍ମଜ୍ଞାନ

ଆଶ୍ଚର୍ଯ୍ୟ ହେଲି ଯେ ତାକୁ ଜୋତା ବେଶ୍ ରଙ୍ଗ କରି ଆସେ
ଅଥଚ ମାଲୁମ୍ ନାହିଁ କେଉଁଠାରୁ ରଙ୍ଗ ଆସୁଅଛି,
ବହି ଖୁବ୍ ପଢ଼ିଆସେ ମାତ୍ର ଯଦି ପଚାର କିପରି
ଶବ୍ଦ ସବୁ ଯୋଡ଼ାଯାନ୍ତି ଦେଖିବ ସେ ନିର୍ବାକ୍ ଚାହିଁଚି ।

ପ୍ରତ୍ୟେକ ଦିନ ସେ ଫିଙ୍ଗେ ଯିଏ ମାଗେ ତାହାର ଉଦ୍ଦେଶ୍ୟେ
ଆପଣାର ଅସ୍ତିତ୍ୱରୁ ଖଣ୍ଡେ ଖଣ୍ଡେ, କିନ୍ତୁ ଆରଦିନ
ସକାଳୁଆ ଜଳଖିଆ ଗିଳୁଥିଲା ବେଳେ ଚଉକିରେ
ଆଶ୍ଚର୍ଯ୍ୟ ହେଲି ଯେ ବସି ରହିଥାଏ ବିଲକୁଲ ଅକ୍ଷୁଣ୍ଣ ।

ନିହାତି ନିଶ୍ଚିତ ନୁହେଁ ଯେ ତାହାର ଅଗଣା ଭିତରେ
ଆଳସ୍ୟରେ ବୁଦ୍ଧିମତୀ ଅନୁରକ୍ତା ଚିର୍ଗୁଣୀ ନାହାନ୍ତି,
ଯେ ତାହାର ଆତ୍ମା ନୁହେଁ ବାଦୁଡ଼ିର ବ୍ୟକ୍ତିତ୍ୱ ଯେମିତି,
ଯେ ତାହାର ଚିରନ୍ତନ ଛଟପଟ ସର୍କସ ହୋଇନି ।
ମୁଁ ଖୁବ୍ ସନ୍ଦେହ କରେ ଗୋଟା ଦୁଇ ପେଚା ତା' ମୁଣ୍ଡରେ
ଘର ବାନ୍ଧି ତାକୁ କାଳିଅନ୍ଧାରରେ ଦର୍ଶକ କରନ୍ତି,
ବିଛଣାରେ କଦାପି ସେ -ଏଟା ଗୋଟେ ଅଭ୍ୟାସ-ଶୁଏନି
ଯଦି ତା' ଚାଦର ତଳେ ତମ୍ପଛୁଆ କେତେଟା ନ ଥାନ୍ତି ।

ନ ହେଲେ କିପରି ତା'ର କାନପାଖେ ବୋହୁଥିବା ହାୱା
ସତ୍ତ୍ୱେ ସେ ଫତେଇ ପିନ୍ଧି ସବୁବେଳେ ଜଳକା ରହନ୍ତା ?
ତାହାର ପାହାଞ୍ଚେ ଥୋକେ ବାଘବାଜି ଖେଳୁଥିବା ସତ୍ତ୍ୱେ
ସେମାନଙ୍କ ମୁଣ୍ଡେ ରଖି ପାଦ ସିଏ ଓହ୍ଲାନ୍ତା କିପରି ?
ସ୍ମୃତିର ପହରା ସତ୍ତ୍ୱେ-ଦେଖ ସତେ କେଡ଼େ ବେପରୁଆ-
ଯନ୍ତ୍ରଣାରୁ ଖସିଆସି କିପରି ସେ ଟହଲ ମାରନ୍ତା ?
ତା' ବ୍ୟତୀତ ଆଉ କିଏ ଟାଇଁଟାଇଁ ଖରାରେ ପହଁରି
ପହଁରି ପହଁରି ଦାମୀ ପଶମର କପଡ଼ା ପିନ୍ଧନ୍ତା ?

ବୁଝିଲି ବୁଝିଲି ତା'ର ସାଫଲ୍ୟର ଗୋପନ ରହସ୍ୟ ।
ପ୍ରତିଦିନ ସକାଳୁଁ ସେ କଫି ସାଙ୍ଗେ ଟପ୍‌ଟାପ୍ ଗିଳେ
ପୁଞ୍ଜେ ପାଞ୍ଚ ପ୍ରଜାପତି, ବାଇଗେଣି କଳା ବା ବାଦାମୀ,
ଟୋପିଟୋପି କିମ୍ବା ସାଦା, ପ୍ରଜାପତି ହୋଇଲେ ହିଁ ଚଳେ ।

ଅନ୍ଧାର

ଜଙ୍ଗଲ ଚିହ୍ନଟ କରି ହେଉଥିଲା ଘଣ୍ଟେ ତଳେ, ସାଢ଼େ ପାଞ୍ଚଟାରେ।
ଏଇଲେ ଜଙ୍ଗଲ ନାହିଁ, ସମୟର ବ୍ୟବଚ୍ଛେଦ ନାହିଁ,
ରାସ୍ତାଦାଢ଼େ ଦୁଲୁକିବା ମାଟି ନାହିଁ, ମାଟିର ସେପାଖେ
ପୁରୁଷପୁରୁଷ ଧରି ଗହୀରର ଡରାଣ ବି ନାହିଁ।
ଏ କଦର୍ଯ୍ୟ ଘାଟି ରାସ୍ତା, ଏ ଜଙ୍ଗଲ ଏବଂ ଏ ଗହୀର
ସମସ୍ତେ ଗଢ଼ିଲେ ଏକ ଭୟଙ୍କର ସାଢ଼େ ଛଅଟାକୁ
ଯାକୁ ଭାଙ୍ଗି ହୁଏ ନାହିଁ, ସୁତରାଂ ଯାହାର ବିରୁଦ୍ଧେ
ଏକମାତ୍ର ଭରସା ଯେ ପଟାପଟା ହଳଦୀ ବର୍ଣ୍ଣର
ଆମକୁ ଓଗାଳି ବାଟ ଜନ୍ତୁ ଏକ କରିବ ଚିତ୍କାର।

କିଏ ସେ ପାରିବ କରି ପୃଥକ୍ ଏ ରାତିର ପୂର୍ଣ୍ଣତା ?
ଜଙ୍ଗଲରେ ବାଘ ଥାନ୍ତି, ହାତୀ ଥିଲେ ଥିଲେ ଥିବେ ଗୋଟା ଦୁଇ,
ହାତୀ ତ ନିଆଁକୁ ଡରେ। ଆମ ହାତେ ଲଣ୍ଠନ ଜଳୁଚି,
ପେଟ ପୂର୍ଣ ଥିଲେ ବାଘ ଆମ ଆଡ଼େ ଚାହିଁବ ବି ନାହିଁ।
ଏ ପାଖର ମଇଁଷିଟା ମଣ ନୁହେଁ, ଗହୀର ଆଡ଼କୁ
ବାରମ୍ବାର ମାଡ଼ିଯାଏ। ମିଶ୍ର ବାବୁ, ଦଣ୍ଡାଟା ମୋଡ଼ ତ।
କିନ୍ତୁ ଯଦି ଜଙ୍ଗଲ ଓ ରାସ୍ତା ଏବଂ ଅନେକ ଜିନିଷ
ଅଭିନ୍ନ ଭାବରେ ମିଶି ଗଢ଼ନ୍ତି ଏ ସାଢ଼େ ଛଅଟାକୁ।
କାହାଠୁଁ ବଞ୍ଚିବ ଏବଂ ପ୍ରତିରୋଧ କରିବ କାହାକୁ ?

ଅନ୍ଧାର ଘନେଇ ଆସେ। ଲକ୍ଷ ଲକ୍ଷ କଥା ମନେପଡ଼େ।
ଘାଟିରାସ୍ତା ପରି ସୂକ୍ଷ୍ମ, କାଉଁରିଆ ଫଳ ପରି ଓଠ,
ଭୋକିଲା ହାତର ଜେଲ୍-ଲକ୍ଷ ଲକ୍ଷ ସ୍ମୃତିର ରାସ୍ତାରେ
ଅଧାବାଟ ଦୌଡ଼ି ଫେରି କ୍ଳାନ୍ତ ମନ ହୁଏ ଏକନିଷ୍ଠ,
ସାମ୍ନାର ଅନ୍ଧାର ଅଛି, ତେଣୁ ଅଛି ତର୍ଷିର ଆର୍ଦ୍ରତା।
ଅନୁଭବ କରି ସୁଦ୍ଧା ତାକୁ ଆଦୌ ବୁଝି ହୁଏ ନାହିଁ,
ଆକୃତିର ଅନ୍ତରାଳେ ଭିନ୍ନ ଭିନ୍ନ ବସ୍ତୁଙ୍କ ସମ୍ବନ୍ଧ
ବସ୍ତୁଙ୍କୁ ଜାଣିବା ସତ୍ତ୍ୱେ ହୁଏ ଏକ ପ୍ରଚ୍ଛନ୍ନ ସତ୍ୟତା
ଯାହା ମିଳେ, ପୁଣି ହଜେ, ସନ୍ଧାନଟା ଲୋପର ଧୂର୍ତ୍ତତା।

ଏ ପୃଥିବୀ ବେଶ୍ ଦୃଢ଼, ଆମ ପାଇଁ ଯଥେଷ୍ଟ ଅଭଙ୍ଗା।
ଅଭିଶାପ ପରି ଏହା ଯାହା କିଛି ସହିତ ସଂଶ୍ଲିଷ୍ଟ
ସମସ୍ତଙ୍କୁ ଅର୍ଥବାନ୍ କରେ ଏକ ଓଜସ୍ୱୀ ଅର୍ଥରେ,
ସମସ୍ତଙ୍କୁ ପୁନର୍ବାର ନାମ ଦିଏ ଆପଣାର ପ୍ରକୃତିବିଶିଷ୍ଟ।
ଦୁର୍ଘଟଣା ଅସମ୍ଭବ। ସବୁ କିଛି ଘଟଣା ତାହାର
କ୍ଷେତ୍ରଫଳେ ଅବସ୍ଥିତ, ଅଣୁଙ୍କର ଅସଂଖ୍ୟ ସମ୍ବନ୍ଧ
ଭିତରୁ ଗୋଟେ ନା ଗୋଟେ ସାଙ୍ଗେ ଗୁନ୍ଥା କାର୍ଯ୍ୟକାରଣରେ।
ଯାହା ତା'ର ଦ୍ରୋହୀ ତା'ର କଳ୍ପନା ବି ଅଟେ କଷ୍ଟକର
କ୍ଳାନ୍ତ ମନ ଫେରିଆସେ ଅଧାବାଟୁ ଏହାର ଭିତର।

କିଏ ସେ ଡାକୁଚି, ରହ। ଓହୋ, ଏଇ କାନ୍ଦୁଲ କ୍ଷେତର
ଜଗୁଆଳି ହୁରୁଡ଼ାଏ ମିରିଗ ବା ବାର୍ହା ବା ଠେକୁଆ
(ଆମର ଚିତ୍କାର ଶୁଣି ସେ ଓହ୍ଲାଏ ମଞ୍ଚାର ଉପରୁ)।
ଆଗକୁ କେମିତି ରାସ୍ତା? ଖୁବ୍ ଭଲ? କେବଳ ପଡ଼ିଆ?
ବେଶ୍ ଭାଇ ଯାକ୍‌କା ଡ୍ରାଇଁ ଦିଅ ତମ ପିକାରୁ ଫୁଲାଏ।
ଧୂଆଁ ଛାଡ଼ିଦେଲେ ତାହା ଚମକୁଚି ଚନ୍ଦ୍ର ଆଲୁଅରେ।
ଚନ୍ଦ୍ରର ଆଲୁଏ ପିଚୁକରା ଏଇ ରାସ୍ତା କି ସୁନ୍ଦର!
ଖୁବ୍ ବେପରୱା ଭାବେ ଯାକ୍‌କା ଡ୍ରାଇଁ ଆଙ୍ଗୁଠି ଦେଖାଏ
ଗୋଟେ ନାଲି ପଟା ଆଡ଼େ- "ଏହିଠାରେ ଘାଟି ଶେଷ ହୁଏ"

ବୃତ୍ତ

ଗେଜିନାର ଚୋଖି ରାଗେ ତାଳ ଭୁଲ୍‌ହେବା କଥା ନୁହେଁ,
ନିୟମିତ କ୍ଳାନ୍ତି ଆସେ, ନିୟମିତ ଆକ୍ଷି ଓ କଳ୍ପନା
ଦ୍ୱୀପରେ ଯାଆନ୍ତି ମିଶି, ଚାରିଆଡ଼େ ପାଣିର କୋଳପ,

ନିୟମିତ ନିଦ ମାଡ଼େ, ନିୟମିତ ନିଜର ଅନ୍ଧାରେ
ନିଜର ସନ୍ଧାନ ମିଳେ, ପୁଅଖାଇ ଡାହାଣୀର ପୁଅ
ନିୟମିତ ମିଳିଯାଏ ହାତିକିଆ ବାଲିବନ୍ଧ ତଳେ।

ବାଲିବନ୍ଧ ଭୁଶୁଡ଼େ ଓ ଭୁଶୁଡ଼େ ବି ଅଶ୍ରୁର ହଳପ
ନିୟମିତ ଯାହା ହୁଏ ଖୁବ୍ ନିଦ ମାଡୁଥିବା ବେଳେ।

ଆଜି କିନ୍ତୁ କ୍ଳାନ୍ତି ନାହିଁ, ଭୁଲ୍‌ହେଲା, କ୍ଳାନ୍ତି ଅଛି, ମାତ୍ର ତାହା
ସଚେତନ କ୍ଳାନ୍ତି, ଧର ଯେମ୍ତି ସଜୀବ ମୁର୍ଦ୍ଦାର-
ସେ କ୍ଳାନ୍ତି ବି ଅନ୍ତଃସତ୍ତ୍ୱା ହୁଏ ଏକ ମାନସବିନ୍ଦୁରେ
ଯାହାର ଏପାଖେ ନଈ ଆଉ ଆରପାଖ ନଈର ଭିତର,

ଏପାଖେ କସରା ସନ୍ଧ୍ୟା, ଆର ପାଖେ ସାବ୍‌ଜା ସନ୍ଧ୍ୟା, ଏବଂ
ସେ ନଈର ଢେଉଖାଏ ଅତଡ଼ା ସେ ସନ୍ଧ୍ୟାର ପାହାଚେ
[ସତେ ବା ମଟର ନେଇ ମୁଁ ଯାଉଚି ସେ ନଈ କୂଳରେ,]
ଘାବ୍‌ରା ଘଟଣା ଅବା ସମୟର ରୋମାନ୍‌ସରେ ନାଚେ!
କ୍ଳାନ୍ତି ବି ପ୍ରସୂତୀ ହୁଏ ଠିକ୍ ସେଇ ମାନସବିନ୍ଦୁରେ

ଯାହାର ଏ ପାଖେ ଲୋକ, ଆରପାଖେ କେବଳ ଅପେକ୍ଷା
ଏ ପାଖର ଅର୍ଥ ହଜେ ଆରପାଖେ ଅତୀନ୍ଦ୍ରିୟତାରେ
ବାକୀ ଖାଲି ରହିଯାଏ ଗୋଟେ କ୍ଷତ, ଗୋଟାଏ ସମୀକ୍ଷା।
ଆର ପାଖେ ହେଲେ ଲୋକ, କ୍ଳାନ୍ତି ଦେଖେ ସୁନ୍ଦର ଛୁଆଏ।
ପ୍ରତ୍ୟେକ ଗତିରେ ତାଙ୍କ କାରୁଣ୍ୟର ଏମ୍ତି ଗୋଟେ ଭାବ
ଯାହାକୁ ଦେଖିଲେ ଛାତି ଫାଟି ଫାଟି ଗଲାପରି ଲାଗେ।
ସେମାନେ କହିଲେ କଥା ଜୀବନଟା ନୂଆ ଅର୍ଥ ନେବ
କିନ୍ତୁ ସେ ସକଳେ ମୂକ, କହିବାର ଆଗ୍ରହ ଯଦିଓ
ସଭିଙ୍କୁ ବାଚାଳ କରେ। ସେ ସକଳେ ଚାହିଁ ରହିଥାନ୍ତି
ସେମାନଙ୍କ ଗୋଡ଼ ପାଖ ସାବ୍‌ଜା ସନ୍ଧ୍ୟା, ପୁଆଣି ନଈକୁ
ଯେତେବେଳେ ଚାରିଆଡ଼େ ପ୍ରତିଜ୍ଞାର ବିଫଳ ପାହାନ୍ତି।

କି ଲାଭ ଏ ତାଳ ଭାଙ୍ଗି ? କ'ଣ ହେଲା ଯାହା ହୋଇ ନାହିଁ ?
ପୁନର୍ବାର ନିଦ ମାଡୁ, ପୁନର୍ବାର ଦ୍ୱୀପର ଚୌତରା
ଜାଗା ଦେଉ ଆଖି ଏବଂ କଳ୍ପନାର ସହବାସ ପାଇଁ
ଯେତେବେଳେ ପାଣିମାନେ ମାରୁଥିବେ ଅଭ୍ୟସ୍ତ ପୈଁତରା।
ପୁନର୍ବାର ଘୁମ ମାଡୁ, ପୁନର୍ବାର ମୁଣ୍ଡ ପିଟି ହେଉ
ନିୟମିତ ସ୍ମୃତି ସାଙ୍ଗେ, ବର୍ତ୍ତମାନ ବୁଝାପଡ଼େ କଥା।
କି ଲାଭ ସେ ସାବ୍‌ଜା ସନ୍ଧ୍ୟାରୁ ? ମୁଁ ଭଲ ତ ଭଲ ମୋର
ତିନିଗୋଟି କାନ୍ଧ, ଗୋଟେ ନାସଦାନୀ, କେରାଏ ବଳିତା।

ପବନ ଓ ମୁଁ

-୧-

ପ୍ରଥମ ଦୃଶ୍ୟରେ ସବୁ-ସମୁଦ୍ର ଓ ଚନ୍ଦ୍ର ଓ ଛାଞ୍ଚୁଣି-
ନା ଅଛି ରକବା, ସ୍ୱତ୍ୱ, କିସମ ବା ଚୌହଦି ଯାହାର
ସେପରି କିଆରି ପରି, କିଆରିର ମାନିଆଁ କିଆରି
ପଡ଼ି ରହିଥାନ୍ତା, ଏବଂ ଅନାୟାସେ ତିଆରି ଚାଲନ୍ତି
(ସେଟା କଣ ବଡ଼ କଥା ?) ଲକ୍ଷ ଲକ୍ଷ କିଆରି ଏମିତି ।

ସମୁଦ୍ର ଓଲାଏ କୂଳ ବାରମ୍ବାର ଫୁଲ ଛାଞ୍ଚୁଣିରେ
ଯେଉଁ କୂଳ ବାରମ୍ବାର ଅସ୍ନା ହୁଏ ଜିଦ୍‌ଖୋର ଚନ୍ଦ୍ରର ଆଲୁଏ,
ସମୁଦ୍ର ଥିଲା ଓ ଥିଲା ଚନ୍ଦ୍ର ଏବଂ ଛାଞ୍ଚୁଣି ବି ଥିଲା
ଖାଲି ଯା ନ ଥିଲା କିଛି କ୍ରିୟା କିଛି ବିଶେଷଣ ପଦ,
ଖାଲି ଯା ନ ଥିଲା ଗୋଟେ ମିଶାଣ ଓ ଗୋଟାଏ ସମ୍ବନ୍ଧ ।

-୨-

ତା'ପରେ କହିଲା ହାୱା, "ଧିକ୍ ତମ ଆତ୍ମସନ୍ତୋଷକୁ
ମନଗଢ଼ା ଏ ପୃଥିବୀ, ମନଗଢ଼ା ଏସବୁ ସମ୍ପର୍କ ।
ଆକାଶକୁ ଚାହଁ ଥରେ । କୋଟି କୋଟି ତାରା ଜଳୁଛନ୍ତି ।
ଏମାନଙ୍କ ସମ୍ପର୍କର ସଂଜ୍ଞା ଦେଲ ଯାହା ହେବ ନିଃସନ୍ଦେହ ସତ ?
ତା' ଯଦି ବହୁତ ଦୂର, ଏଇ ଦେଖ, ଇଆଡ଼େ ଚାହଁ ତ ।"

କେଉଁଆଡ଼େ କିଛି ନାହିଁ, ଖାଲି ଆମ୍ବପତ୍ରଙ୍କ ଭିତରେ
ଗୋଟେ ମୃଦୁ ଶୀର୍‌ଶୀର୍, ଦୃଶ୍ୟମାନ ଗତିର ପ୍ରକ୍ରିୟା ।
ସେ ଗତିର ସତ୍ତା କାହିଁ ? କେଉଁ ଏକ ନିର୍ଦ୍ଦିଷ୍ଟ ମୁହୂର୍ତ୍ତେ
କେଉଁଆଡୁ ଆସି ତାହା ଠିକ୍ କେଉଁ ସ୍ଥାନେ ରହିଥାଏ ?
ପବନରେ ପତ୍ର ହଲେ, ପବନକୁ କିନ୍ତୁ କେ ହଲାଏ ?

ମୁଁ ଦେଖିଲି ଆମ୍ବଡାଳେ କୋଟି କୋଟି ଲୋତକବିନ୍ଦୁର
ଅସହ୍ୟ ଯନ୍ତ୍ରଣା, ଯେଣୁ ପାଣି ହୋଇ ବୋହିବା ପୂର୍ବରୁ
ଅଦୃଶ୍ୟ ପ୍ରତିଜ୍ଞା ଏକ ଧକ୍କା ମାରେ ଦୋସ୍‌ରା ଡାଳକୁ।
ପବନ ସେ ଧରାଦେଇ ଖସିଯାଏ। ଧରା ଦେବା ଏବଂ ଖସିଯିବା
ଭିତରେ ସମ୍ପର୍କ କ'ଣ? ଖାଲି ଯାହା ପତ୍ରଙ୍କ ହଲିବା...

-୩-

ଏଇ କେତେଦିନ ଧରି ମୁଁ ତମଠୁଁ ବାଟ ଭାଙ୍ଗିଯାଏ
(ମୋ ଭୟର କିଆବାଡ଼େ ଲୁଚେ ମୋର ମନର ନେଉଳ),
ବାଟ ଭାଙ୍ଗିଯାଏ ଏକ ଦୂରବଣ, ତା' ଭିତରେ ପ୍ରଶସ୍ତ ପଥର
ଉପରେ ମୁଁ ଶୋଇରହେଁ କପ୍ ପରେ କପ୍ କଫି ପିଇ
ଦୂର କାଠ କାଟିବାର ଶବ୍ଦ ପଛେ ମନକୁ ଦୌଡ଼ାଇ।

ପତ୍ର ପୁଣି ଶୀର୍‌ଶୀର୍ ହୁଏ। ହାୟ, ଏଠି ବି ପବନ!
କିନ୍ତୁ ପବନର
ଦେହ ନାଇଁ, ତେଣୁ କେହି କେଉଁକାଳେ ତା'ର ତଣ୍ଟି ଧରି
କୈଫିୟତ୍ ମାଗି ନାହିଁ। ପବନ ସେ, ଦକ୍ଷିଣ ମେରୁରୁ
ଉତ୍ତର ମେରୁକୁ ଯାଏ, କେହି ତାକୁ ଚିହ୍ନିବା ପୂର୍ବରୁ।

ଏ ଦେହର ତଳେ କିନ୍ତୁ ଏ ମନର ସକଳ ଯନ୍ତ୍ରଣା,
ସକଳ ସ୍ୱପ୍ନ ବି।
ତମେ ଯଦି ବାନ୍ଧିଦିଅ ଦଉଡ଼ିରେ, କିମ୍ବା ଆଶ୍ଳେଷରେ,
ମୁଁ କ'ଣ ଜବାବ ଦେବି ଓଠ ଚିପି କାନ୍ଦିବା ବ୍ୟତୀତ?
(ସକଳ ଯନ୍ତ୍ରଣା ସତ୍ତ୍ୱେ ପବନର ଆହା କି ସୁକୃତ!)

ଚଉପହରା

(ମଧ୍ୟ ରାତ୍ରି)

-୧-

ହଠାତ୍ ଗଭୀର ଗୁମ୍ଫା କେଉଁ ଏକ ଆଗ୍ନେୟ ଭୂକମ୍ପେ
ଲକ୍ଷ ଲକ୍ଷ ତୁକୁଡ଼ାରେ ଚକ୍‌ଚକ୍ କଲା ପରି ଆଜି
ମଧ୍ୟରାତ୍ରି ଜଳିଉଠେ ପାହାଡ଼େ ଓ ଦୁର୍ଭେଦ୍ୟ ଅରଣ୍ୟେ,
ମୋରମ୍ ରାସ୍ତାରେ ଏବଂ ଘାସଫୁଲେ ଅରମା ମୈଦାନେ।
ଆହୁରି ତୁକୁଡ଼ା ଏକ, ଆମ ବସ୍ତି, ପଶାକାଠି ପରି
ରାତ୍ରିର ବିପ୍ଳବେ କ୍ଷିପ୍ତ ହେବା ପରେ ସ୍ମୃତିର ଘୂର୍ଣ୍ଣନେ
ଆପେ ଆପେ ଗଡ଼େ ଏବଂ ନିଆଁଧରେ ପ୍ରାଚୀନ କ୍ରନ୍ଦନେ।

ମୁଁ ବେକୁବ୍ ଯାଯାବର ଏ ଜ୍ୱଳନ୍ତ ଚକାଭଉଁରୀରୁ
ଡିଆଁମାରି ତମ୍ବୁ ପୋତେ ସେ ଜ୍ୱଳନ୍ତ ରାସ୍ତା କିନାରାରେ,
ଗୁମ୍ଫା ତ ଯାଇଚି ଭାଙ୍ଗି, ତୁକୁଡ଼ାର ଉଡ଼ନ୍ତା ପ୍ରତ୍ୟଙ୍ଗେ
ତମ୍ବୁର ଦଉଡ଼ି ଅବା କେଉଁ ପରି ବନ୍ଧାଯାଇ ପାରେ?

କିଏ ସେ ଭାଙ୍ଗିଲା ଗୁମ୍ଫା (ଯେଉଁ ଗୁମ୍ଫା ଦୁଆରେ ଅନ୍ତତଃ
ମୁଣ୍ଡ ପିଟି ମୂର୍ଚ୍ଛା ହୋଇ ଅଚେତରେ ହସି ହେଉଥାନ୍ତା?)
ପ୍ରଥମେ ଆସିଲା କିଏ, ପାତାଳର ବେପଥୁ ଅଥବା
ଛିନ୍‌ଛତ୍ର ପୃଥିବୀର ବାସ୍ତବତା? ପ୍ରଥମେ କିଏସେ
ସ୍ୱପ୍ନ ଦେଖିଲା ଯେ ତା'ର ପରବର୍ତ୍ତୀ ପଛେ ପଛେ ଆସେ?

କାହିଁକି ଖୋଜିବି ଆଉ ? ତମ୍ଭୁ ପୋତା ନ ହେଲା ନ ହେଉ।
ପ୍ରଥମ ସମୁଦ୍ର ଯଦି ଆଜିଯାଏଁ ସିମେଣ୍ଟ୍ ଚୂନରେ
ପ୍ରଥମ ଦିଓଟି କାନ୍ଥ ଯୋଡ଼ି କରି ଛାତ କରି ନାହିଁ
(ଯାହାର ସ୍ମୃତିରେ କାନ୍ଦେ ଆମ ବସ୍ତି ଏଇ ମୁହୂର୍ତ୍ତରେ),
ମୁଁ କିଆଁ ଖୋଜିବି ଘର, ତୁକୁଡ଼ାଙ୍କ ନିସ୍ତାର ଭରସା ?
ସତର୍କ ଐତିହ୍ୟ ମୋର ସମୁଦ୍ରର ପ୍ରାଚୀନ ହତାଶା।

-୨-

ଚନ୍ଦ୍ର ଏବେ ମ୍ଳାନ ହୁଏ ମେଘଙ୍କର ଯବନିକା ତଳେ,
ପାହାଡ଼ ଅସ୍ପଷ୍ଟ ହୁଏ, ନାଳ ସୀମା ଛାପ୍ ଛାପ୍ ଦିଶେ।
ପାହାଡ଼ର ପାଦଦେଶେ କାଉଁରିଆ ଫୁଲ ଦିଶେ ନାହିଁ,
କାଚ କେନ୍ଦୁ ପରି ପାଣି ତଳେ ନାଲି ବାଲୁକାର ରେଣୁ
ଅନ୍ତର୍ଦ୍ଧାନ ହୋଇଯିବା ମୁଁ ଦେଖୁଚି ସନ୍ତୁଷ୍ଟ ଉଦାସେ।

ଦିନଥିଲା, ପାହାଡ଼ର ନିମନ୍ତ୍ରଣେ ମୁଁ ନିଜକୁ ନିଃସ୍ୱ କରିଥିଲି
ଛୋପରୀ ନାଳର ପାଇଁ ଛାଡ଼ିଥିଲି ମେଳାପୀ ମଣିଷ
ପାହାଡ଼ର ପୃଷ୍ଠଭାଗେ ଛିଡ଼ା ହୋଇ ଆକାଶେ ଡାକିଚି
"ହେ ମୋର ଅଦ୍ଭୁତ ଆଶା, ମୁଁ ଏଠାରେ ଆସ, ଆସ, ଆସ"
ନାଳ ଯେବେ ଓଟାରିଲା ପାହାଡ଼ର ଚୁମ୍ବକ ଶିଳାରେ
କଳିଜାର କିୟଦଂଶ ରକ୍ତସ୍ନାତ ହୋଇ ରହିଗଲା,
ନାଳରେ ମୁଁ ଝାମ୍ପିଦେଇ ଓଠଚାପି ଜଳୁଥିବା ବେଳେ
ନାଳ ସେ ଉଜାଣି ବହି କେଉଁ ଦୂର ସଙ୍ଗମେ ମିଶିଲା।

ଖୁବ୍ ଲୋଭ ହୁଏ ଏଇ ଅନ୍ଧାରର ଅଭେଦ୍ୟ ପରିଧି
ଭିତରେ ନିଜକୁ ରଖି ଶୋଇବାକୁ ଅନନ୍ତ ନିଦରେ,
ଉଠିବାର ଲଜ୍ଜା କିମ୍ବା ସ୍ୱପ୍ନଙ୍କର ଯନ୍ତ୍ରଣା ବ୍ୟତୀତ
କ୍ଷତିର ପଞ୍ଜିକା ଭୁଲି କାଳହୀନ ମୋହର ଆଦରେ।

ସେ କିନ୍ତୁ ସମ୍ଭବ କ'ଣ ? ଅଭିଜ୍ଞତା ପ୍ରତ୍ୟେକ କ୍ଷତିର
ଗ୍ଲାନିର ଚେତନା ଆଣେ, ଗ୍ଲାନି ଯଦି ଭୁଲିଯାଇ ହୁଏ
ଘଟିଥିବା କ୍ଷତି କ'ଣ ଫେରିଯିବ ? ସୁଟ୍ ନ ପିନ୍ଧିଲେ
ଦର୍ଜୀର ମଜୁରୀ କ'ଣ କେତେବେଳେ ଫାଙ୍କି ଦେଇ ହୁଏ ?

ମୁଁ ତେବେ ପିନ୍ଧୁଚି ସୁଟ୍, ମୋଟା ମୋଟି ବାଛିବାକୁ ହେବ
ଅତ୍ୟଳ୍ପ ମଜୁରୀ ନେଇ ଅତ୍ୟଧିକ ଖଟିବ ଅଥବା
ଗଧ ପରି ନିର୍ଲିପ୍ତତା ସତ୍ତ୍ୱେ ଗଧ ବୋଝ ବୋହୁଥିବ,
ମୋର ପସନ୍ଦ ହୁଏ କ୍ଷତି ଯଦି ଆସୁଚି ତାହାର
ସାମ୍ନା ସାକ୍ଷାତ ହେଉ, ନାଳ ଏବଂ ପାହାଡ଼ର ମୁହଁ
ପରିଷ୍କାର ଦେଖାଯାଉ, ସୁଟ୍ ଥିଲେ ହେଉ ବ୍ୟବହାର।

ଆକାଶ ଫର୍‌ଚା ହୁଏ, ନାଳ ଏବଂ ପାହାଡ଼ ଦିଶନ୍ତି,
କ୍ଷତି ଅଛି, ଗ୍ଲାନି ଅଛି, ଦେଇ ନାହିଁ ବିଦାୟ କାହାକୁ।
ନାଳ, ମୁଁ ପାରେ କି ଧୋଇ ତମ ଜଳେ ମୁହଁ ? ହେ ପାହାଡ଼,
ତମର ଉପରେ ଚଢ଼ି ଯାଇପାରେ ସେ ପାଖ ଗାଆଁକୁ ?

(ପ୍ରଭାତ)

-୧-

ହେ ମୋର ଲୋତକାପ୍ଲୁତ ସୂର୍ଯ୍ୟୋଦୟ, ତମରି ଉଦ୍ଦେଶ୍ୟେ
ଟ୍ରାଉଜର୍ ଆଣ୍ଠୁ କଲି ଓଦା କେତେ ମାଣ୍ଡିଆ କ୍ଷେତରେ,
ନାଲିଆ ମାଟିରେ କଲି ମରାମତ୍ ଜୋତାର ଗୋଇଠି,
ହେ ମୋର ଜ୍ୱଳନ୍ତ ସ୍ୱପ୍ନ ! ଦୁରଙ୍ଗମ ଉଠାଣି ଗଡ଼ାଣି
ଅବଶ ପାଦରେ ଡେଇଁ ଭର୍ତ୍ତି କଲି କୋଟ୍‌ର ପକେଟ୍
ସୂଆଁଧାନ କେଣ୍ଡା ତଳୁ ବରଫର କ୍ରନ୍ଦନ ସାଉଁଟି।

ଅନେକ ପାହାଡ଼ ଅଛି, ଉପତ୍ୟକା ଏବେ ବି ସୁନ୍ଦର।
ଏବେ ବି ହସୁଚି ମେଘ ସମ୍ଭବତଃ ହାତପାହାନ୍ତାରେ।
ଢୁଲ୍‌କା ମାଟି ହିଡ଼ ତଳେ ଶାଳଫୁଲ ରଙ୍ଗର ପୋଖରୀ।
ହେ ମୋର ରୁଧିରସ୍ନାତ ପ୍ରଭାତ, ମୁଁ କୃତଜ୍ଞ ତଥାପି।
ଆଖିର ସିନ୍ଦୂରା ଫାଟେ, କେଉଁ ବୁଲା କୁକୁରର ଛାଇ
ପୋଖରୀର ଅଗଣାରେ ଫୂର୍ତ୍ତି କରେ ପହଁରି ପହଁରି।

ଅନ୍ଧାର ଅସହ୍ୟ ହୁଏ, ଯଦିଓ ଏ ଆଲୋକ ବି ମିଛ,
ହେ ସନ୍ତୁ ସକାଳ କ'ଣ ଜାଣିନି ମୁଁ ତମର କାହାଣୀ ?
ମୁଁ ଯଦି ଧାଇଁଚି ତା'ର କୈଫିୟତ ହଠାତ୍ କୌଣସି
କୁଣ୍ଠିତ ଦୋସ୍ତିରେ କାଲେ ଜଳିବାର ରୋଷଣୀ ଭିତରେ
ମୋର ଏ ଅପରିଚିତ ପ୍ରାଣ ମୋର ଆଖିର ସକାଳେ
କୁକୁରର ଛାଇ ପରି କିଏ ଜାଣେ, ଉଠିବ ଝଲସି।

-୨-

ମୁଁ କ'ଣ ନ ଥିଲି ଜାଣି ଆସ୍ତେ ଆସ୍ତେ ତମେ ଜାଳିଦେବ !
ଉପତ୍ୟକା ପରି ଆଖି ମେଘ ପରି କ୍ରନ୍ଦନଶୀଳତା,
ତା'ପରେ ପ୍ରତ୍ୟାବର୍ତ୍ତନ- ମୁଁ କ'ଣ ନ ଥିଲି ଜାଣି
ଏ ସବୁର ଜରିଆରେ ଜର୍ଜ୍ଜରିତ ଦିନେ ହେବି ବୋଲି ?
ତା' ସତ୍ତ୍ୱେ ମୁଁ ଆପେ ଆପେ ପ୍ରତ୍ୟୁଷର ପାହାଚ ଉପରେ
ତମକୁ ସାକ୍ଷାତ୍ କଲି ଦର୍ପଣର ସାମନା ସାମନି।

ସନ୍ଧାନୀ ସକାଳ ପରେ ମୁଁ ଦେଖିଲି ଚାରିହାତ ଦୂରେ
ଅସଂଖ୍ୟ ତରାଟ ଫୁଲ, ପାଦତଳେ ସୁନ୍ଦର ଗାଲିଚା।
ଛଅ ସାତ ହାତ ଦୂରେ ମୈଦାନ୍‌ରେ ଭଦଭଦଳିଆ।
ମନର ଭିତରେ କାନ୍ଦ, ହୋଟେଲର ଚପ୍ରାସୀ ମୁହଁରେ
ଗଭୀର ସହାନୁଭୂତି ସମ୍ଭବତଃ ତମ ଭିତରେ ବି
ଏବଂ ମୋ କୋଠରୀ କାନ୍ଥେ ଝଲକାଏ ଖରାର ଚାନ୍ଦୁଆ !

(ମଧ୍ୟାହ୍ନ)

-୧-

ଏବଂ ମୁଁ ସନ୍ଦେହ କଲି ମୁଁ ହଠାତ୍ ମରିଗଲି ବୋଲି।
ସତେ ଅବା ହଜିଗଲା ମୋର ସବୁ ଦୃଷ୍ଟି ଓ ସ୍ପନ୍ଦନ,
ସତେ ବା ପ୍ରେତାତ୍ମା ମୋର ଘୂରିବୁଲେ ଦିଗ୍‌ବିଦିଗରେ
ଏ ପ୍ରଚଣ୍ଡ ମଧ୍ୟାହ୍ନରେ ଲୋଡ଼ି ତମ ସ୍ଥିତିର ସନ୍ଧାନ !

ଖାଲି ଯେ ମୁଁ ବଞ୍ଚିଥିଲି, ତାହା ନୁହେଁ। ଆଶ୍ଚର୍ଯ୍ୟ ପ୍ରାଣରେ
ମୋର ଅସ୍ଥି ତଳେ, ସମ୍ଭବତଃ ତାହାର ତଳେ ବି
ଦଳେ ପକ୍ଷୀ ଉଡୁଥିଲେ, ସେମାନଙ୍କ ସମବେତ କ୍ଷୁଧା
ସକାଳର ଦୁଃଖ ପରେ ମତେ ମଧ୍ୟ ଅନୁଭୂତ ହେଲା।

ସତ ଯଦି କୁହାଯାଏ ଏ ଦୁଃଖର ଡେଣାରେ ସତେ ବା
ମୁଁ ଚକ୍‌କର ମାରୁଥିଲି ସମୁଦାୟ ଆକାଶ ବସୁଧା
ହୋଟେଲ୍‌ର ସମୁଦ୍ର ଓ ଷ୍ଟେସନ୍‌ରେ ଠିଆ ରେଳଡବା।
ଡେଣା ଫଡ଼ ଫଡ଼ କରି ଲକ୍ଷ ଲକ୍ଷ ଲୋକଙ୍କ ମେଳରେ
ମୁଁ ତୁମକୁ ଖୋଜୁଥିଲି ସିନା ମୋର ଦୁଃଖର ବଳରେ।

-୨-

ଚାରିଆଡ଼େ ଚଳାଚଳ। ଧୀରେ କିନ୍ତୁ ନିଶ୍ଚିତ ଚହଲ।
ଖଳାରେ କଳେଇ ପିଟା, ଆଖୁପେଡ଼ା କଳ ଚାରିପାଖେ
ବଳଦ ରଜ୍ଜୁପରି ମୋଡ଼ା ମୋଡ଼ା ଧୂଆଁର କମ୍ପନ-
(ପାହାଡ଼ ଉପରେ ଏବେ ଝାମ୍ପଦେଲା ମେଘର ଛାଇ ଓ
କେତେ ଜଡ଼ା ପତ୍ର ହେଲେ ପାଉଁଶିଆ ରଙ୍ଗରେ ବିଷଣ୍ଣ।)

ମୋହର ଭରସା ଅଛି (କି ସୁନ୍ଦର ତୀକ୍ଷ୍ଣ ସୂର୍ଯ୍ୟାଲୋକ !)
ତମେ ପୁଣି ଫେରିବ ଏ ଜୁଆରର ସମଭିବ୍ୟାହାରେ।
ସମସ୍ତେ ତ ଫେରୁଛନ୍ତି। କିଏ କେବେ ହଜିଗଲାଣି କି
ଆଜି ପରି ପରିଷ୍କାର ଓ ନିଛକ ଦିନ ଦି'ପ୍ରହରେ ?

(ସନ୍ଧ୍ୟା)

-୧-

ଖୁବ୍ ଦିକ୍‌ଦାର ଲାଗେ, ସବୁଆଡ଼େ ଫାଙ୍କା ଫାଙ୍କା।
ଖାଲି ଯାହା ପାଚିଲା ପତ୍ରଟେ
ବହୁ ଦୂର ଫୁଲଗଛୁଁ ଉଡ଼ିଆସି ପବନର ଫୁଟିଲା ତେଲରେ
ଛଟପଟ ହୁଏ ଏଇ ସାମ୍ନାର ପଡ଼ିଆର ବାଦାମୀ ତାଓ୍ୱାରେ।
ତମେ କ'ଣ କେବେ
ଏତେ ଭୋକ ଦେଖିଥିଲ ଅପରାହ୍ନେ, ଅଥବା ହାଓ୍ୱାରେ ?
କେନା କେନା କରି ଓଠ, ଭିଣି ଭିଣି ବାଳକୁ ଛିଣ୍ଡାଇ
ମରିବାକୁ ଇଚ୍ଛା ହୁଏ, ଇଚ୍ଛା ହୁଏ ମରିବା ଉତ୍ତାରୁ
ଏ ଆକାଶେ ବାହାରେ ବା ସମୁଦ୍ରର ବାଲିଶେଯ ତଳେ
କେଉଁଠାରେ ଲୁଚିଯାନ୍ତି
ସର୍କସ୍ ନ କରି ଏକ ବାସ୍ତବିକ ଧ୍ୱଂସର ପାତାଳେ।

ଏମିତି ଭାବିବା ବେଳେ, ଆହା କେଉଁ ଚକ୍‌ଚକ୍ ଗୋଚର ସହିତ
ଅସମୟେ ସ୍ୱପ୍ନ ଯୋଡ଼ି ରଡ଼ି ଛାଡ଼େ ଗୋଠଫେରା ଗୋରୁ।
ବିହ୍ୱଳ ତୃପ୍ତିର ସ୍ମୃତି ମୁଣ୍ଡ ପିଟେ, ବାଟ ବି ଓଗାଳେ
ଯା'ହେଲେ ବି ସନ୍ଧ୍ୟା ହେଲା। ଯା' ହେଲେ ବି କାନ୍ଦୁଣୁ ମାନ୍ଦୁଣୁ
ସୂର୍ଯ୍ୟ ବାଟ ଛାଡ଼ି ଦେଲା ଅନ୍ଧାରକୁ ନିରୁପିତ ବେଳେ।
ତମର କି ମନେପଡ଼େ ?
କିମ୍ବା ତମେ ବାଟ ଛାଡ଼ିଦିଅ ?
ଯା' ହେଲେ ବି ଦିକ୍‌ଦାର ଲାଗେ ଖୁବ୍, ତମେ କ'ଣ ଏତିକି ବ୍ୟର୍ଥତା
କେବେହେଲେ ଦେଖିଥିଲ ଅପରାହ୍ନେ ଅଥବା ହାଓ୍ୱାରେ ?
ଏତେ କମ୍ ଭୂକ୍ଷେପକୁ ଏତେ ବେଶି କ୍ଷତିର ପାହ୍ୟାରେ ?

-୨-

ଏଟା ମାଛି ଅନ୍ଧାର ତ ? ଯଦିଓ ମୁଁ ଶୁଣୁଚି ପତ୍ରର
ଛଟପଟ ହେବା ଶବ୍ଦ, ପତ୍ର ନାହିଁ, ବସ୍ତୁର ବିହୁନେ
ଯେତେବେଳେ ସ୍ପଷ୍ଟଭାବେ ଜଣାଯାଏ ସେ ବସ୍ତୁର ଏକ ବ୍ୟବହାର
ସେଟା ମାଛି ଅନ୍ଧାର, ବା ପାଠାନ୍ତରେ, ଖାଲି ଅନ୍ଧକାର ।

ଚାରି ପାଞ୍ଚ ହାତ ପରେ ସବୁ ମୃତ, ବା ଅନୁପସ୍ଥିତ,
ପଡ଼ିଆର ପତ୍ତା ନାହିଁ, ତାହା ଥିଲା ବାଦାମୀ ମାତ୍ର ତା'
ସଫେଦ କି ହୋଇପାରେ, ତେବେ କ'ଣ ମଧ୍ୟାହ୍ନ ନ ଥିଲା ?
ମଧ୍ୟାହ୍ନ ନ ଥିବା ଫଳେ ମୁହୂର୍ତ୍ତକ ତଳର ସ୍ୱପ୍ନ ଓ
କ୍ରନ୍ଦନ ଓ ଅପରାହ୍ଣ, ଚିଡ଼ିଚିଡ଼ି କିଛି ବି ନ ଥିଲା ?

ତମକୁ କିପରି ତେବେ ବୁଝାଇବି ? ଘଣ୍ଟେ ତଳେ ଅବଶ୍ୟ ଦେଖିଚି
ଗଛରୁ ଝଡ଼ିବା ପରେ ଉପରୋକ୍ତ ପତ୍ରର ଯନ୍ତ୍ରଣା,
ତମକୁ କିପରି ତେବେ ବୁଝାଇବି ? ଅବଶ୍ୟ ମୁଁ ଫେରନ୍ତା ଗୋଠର
ଶୁଣିଚି ଗୋଚର ପାଇଁ ବ୍ୟତିବ୍ୟସ୍ତ ବିକଳ କାନ୍ଦଣା,
ତମକୁ କିପରି ତେବେ ବୁଝାଇବି ? ଅବଶ୍ୟ ମୁଁ ଏତେ ଦିକ୍‌ଦାର
ଯେ ମୁଁ ଭାବେ ମରିଯାନ୍ତି, ସରିଯାନ୍ତା ଏତେ ହା ହୁତାଶ,
ତମକୁ କିପରି ତେବେ ବୁଝାଇବି ? ବୁଝାଇବି କାହାକୁ କିପରି
କୌଣସି ପ୍ରମାଣ ବିନା କିଏ ମତେ କରିବ ବିଶ୍ୱାସ ?

ପତ୍ର ସେ ମିଛୁଆ, ଯେଣୁ ଫୁଲଗଛ କିଏ ସେ ଦେଖିଛି ?
ଗୋଠରେ ମିଛୁଆ ଗୋଠେ, ଗୋଚର ବା କିଏ ସେ ଦେଖିଛି ?
ମୁଁ ମଧ୍ୟ ମିଛୁଆ ଯେଣୁ ବାସ୍ତବିକ ବିରକ୍ତି ସତ୍ତ୍ୱେ ମୋ
ବିରକ୍ତିର କାରଣକୁ ଠିକ୍ କରି କିଏ ସେ ଦେଖିଛି ?

ତେବେ ଏଇ ଶିଡ଼ି ଚଢ଼ା ବନ୍ଦ ହେଉ, ବନ୍ଦ ହେଉ ଚିଠି ଗାରେଇବା।
କିଏ ସେ ପାରିବ ଚଢ଼ି ସେ ଶିଡ଼ିର ଶେଷ ପାହାଚକୁ ?
ଯିଏସେ ଯେତିକି ଚଢ଼େ ଲମ୍ବିଯାଏ ସେତିକି ସେ ଶିଡ଼ି।
ସବୁ ସତ୍ୟ ହେବା ସତ୍ତ୍ୱେ ସେ ଶିଡ଼ିର ଚଢ଼ାଳି ଭାଗ୍ୟରେ
ଆହତ ଅର୍ଥର କ୍ଷୋଭ (ଆହା କେଡ଼େ ଖାବରା ତ୍ରିଶଙ୍କୁ !)

ତମେ କ'ଣ କେବେ
ଏତେ ରକ୍ତ ଦେଖିଥିଲ ଅନ୍ଧକାରେ, ଅଥବା ହାୱାରେ ?

-୩-

ତା'ପରେ ଅଜାତଶତ୍ରୁ ଉଠାଇଲେ ସେ ସୁପ୍ତ ବ୍ୟକ୍ତିକୁ
ହେ ମହାତ୍ମା, ଶୁକ୍ଳାମ୍ବର, ହେ ଆଦିତ୍ୟ, ହେ ଅବିନଶ୍ୱର,
ଆପଣ ଉଠନ୍ତୁ ଏବଂ ଅର୍ଥପୂର୍ଣ୍ଣ ଅଭିଜ୍ଞତା ଫଳେ
ଜୀବନ୍ୟାସ ଆଣନ୍ତୁ ଏ କୋଟି କୋଟି ଜଡ଼ଭୁତଙ୍କର।

ରାସ୍ତାରେ ନାହାନ୍ତି ବତି। ଏତେ ବେଶି ନିଛକ୍ ଅନ୍ଧାର
ଯେ ବିଲୁଆମାନେ ମଧ୍ୟ ବିରକ୍ତିରେ ଛାଡ଼ି ଚାଲିଗଲେ,
ତମକୁ ଦେଖିବା ପରେ କୁକୁରଙ୍କ ପ୍ରତିକ୍ରିୟା ନାହିଁ
ଯେହେତୁ କୌଣସି କାଳେ କୁକୁର ବି ଏଠାରେ ନ ଥିଲେ।
ପତ୍ର ବି ଯାଇଚି ଚାଲି ସାରି ତା'ର ଦୁଃଖାନ୍ତ ବ୍ୟାୟାମ,
ବର୍ତ୍ତମାନ ଅବାନ୍ତର ତାକୁ ଗଛ ଖୋଜେ କି ନ ଖୋଜେ।
ଏଠି ଶବ୍ଦ ନାହିଁ, ତେଣୁ ଶ୍ରବଣ କି ଉଚ୍ଚାରଣ ନାହିଁ।
କାନ୍ଦିବା ଯେହେତୁ ମିଛ କାନ୍ଦିବାର କାରଣ ବି ବାଜେ।
ସୁତରାଂ ଏହା ବି ସମ୍ଭବ, ଯେ ମୁଁ ଯାହା ତାହା ନୁହେଁ। ଏହା ବି ସମ୍ଭବ
ଦିକ୍‌ଦାର ହେବା ସତ୍ତ୍ୱେ ମୁଁ ଆଦୌ ଦିକ୍‌ଦାର ନୁହେଁ,
ଲକ୍ଷ ଲକ୍ଷ ଦୁଃଖ ମୋର ପିଛା ଧରିଛନ୍ତି, କିନ୍ତୁ ମୋର
ପିଛା କେହି ଧରି ନାହିଁ ଯେହେତୁ ମୋ ଦୁଃଖ ମୋର ନୁହେଁ।

ଆମେ ଯେଣୁ ପାରିବାନି ପୁନର୍ବାର ଗିରଫ୍ କରି ସେ
ଚଞ୍ଚଳ ପତ୍ରର ଏକ ଇତିହାସ-ପ୍ରସିଦ୍ଧ ମୁହୂର୍ତ୍ତ
ସେ ପତ୍ର ଚୁଲୀକୁ ଯାଉ, ଯିବା ପରେ ଇତିହାସ କାହିଁ ?
ଡାକ ଲକ୍ଷେ ନାମ ଧରି-ହେ ପତ୍ର, ହେ ସ୍ମୃତି, ହେ ଶୋକାର୍ତ୍ତ... ?

ନିହାତି ଆଶ୍ଚର୍ଯ୍ୟ ଏକ ଗାର୍ଗୀ ଦୁଃଖେ ଚାହିଁ ରହିଥିଲେ।
ଆହାହା, ସେ ଯଦି ଖାଲି କରିଥାନ୍ତେ ପରାମର୍ଶ ଥରେ
ତମ ସାଙ୍ଗ, ତମେ ଯିଏ ବହୁତ ଅର୍ଥର
ଅଥର୍ବତା ଦେଖିଲଣି ବହୁବାର ରାତି ଓ ହାୱାରେ।

ଦୁଇଟି ଗୀତ

(ବସ୍ ପାଇଁ ଅପେକ୍ଷା କଲାବେଳେ)

ବସ୍ ପାଇଁ ଛିଡ଼ା ହେଲାବେଳେ
ସାମ୍‌ନାରେ ପାଚେରୀ ଓ ଘର
ବଦଳିବା ଜଣାପଡ଼ି ନାହିଁ,
ସମ୍ଭବତଃ ଅପରିବର୍ତ୍ତିତ
ରହିବେ ସେ ଚିରକାଳ ପାଇଁ।

ବଦଳିବେ ଯଦିଓ ସେମାନେ
ସେକଥା ମୁଁ ଦେଖିପାରିବିନି
ଏହିକ୍ଷଣି ବସ୍ ଆସିଯିବ
ଏବଂ ମତେ ଭଉଣୀ ଘରକୁ
ଚାହୁଁ ଚାହୁଁ ବୋହି ନେଇଯିବ।

ଯେତେବେଳେ ଫେରିଲି ତମଠୁଁ
ତମେ ମତେ ଲୁହର ଭିତରେ
କହୁଥିଲ ଫେରିଆସ ବୋଲି,
ସମ୍ଭବତଃ ସବୁକାଳେ ତମେ
ଚାହୁଁଥିବ ଦାଣ୍ଡଘର ଖୋଲି।

ତମେ ଯଦି ବଦଳିବ, ତା'ର
ପ୍ରମାଣ ରହିବ ନାହିଁ, ଯେଣୁ
ଏଇକ୍ଷଣି ବସ୍ ଆସିଯିବ
ଏବଂ ମତେ ଭଉଣୀ ଘରକୁ
ଚାହୁଁ ଚାହୁଁ ବୋହି ନେଇଯିବ।

(ବିଦାୟ)

ହଠାତ୍ ସକାଳ ହେବା ଦେଖି ଅବା ବଣର ବାଘୁଣୀ
ବଳଦର ମଢ଼ ଛାଡ଼ି ଚାଲିଗଲା, ଏବଂ ଦି'ପାଖର
ଜଙ୍ଗଲୀ ଭୁର୍ଷୁଙ୍ଗାବଣ ଭାଙ୍ଗିରୁଜି କାଟିଦେଲା ବାଟ।
ତମେ ଯେବେ ଚାଲିଗଲ ପଛ କରି ପିଚା ଆଉ ବେଣୀ
ତ୍ରସ୍ତ ଭାବେ ଫିଟିଗଲା ମୋ ମାଟିର କାନ୍ଥରେ କବାଟ।

ବେଶି ତ ସମୟ ନୁହେଁ, ଯେତେବେଳେ ଦେହର କୋଲପ
ଭିତରେ ମୁଁ କବ୍‌ଜା ପରି ଶୋଇ ତମ ଆଖି ବୁଜୁଥିଲି,
ତମେ ମତେ ଲାଗୁଥିଲ ଖୁବ୍ ବେଶି ତିର୍ଲୋଲୋକ ପ୍ରାୟେ,
ଛାତିରେ ଛାତିଏ ଭୟ, ମାତ୍ର ସବୁ ବାଧାର ଖିଲାପ,
ଓଠରେ ପୁଳାଏ ହସ, କିନ୍ତୁ ଲୁହ ଆକ୍ଷିରେ ଆକ୍ଷିଏ।

ବିଦାୟ ନିଶ୍ଚିତ ଏବଂ ତଜ୍ଜନିତ ଶୋକ ବି ନିଶ୍ଚୟ,
ତମର ଉଭୟ ରୂପ ସମ୍ଭବତଃ କପୋଳକଳ୍ପିତ,
କାହାଠୁଁ ବିଦାୟ କିନ୍ତୁ? କାହା ଲାଗି ଏବେ ବେଶି ଶୋକ?
ଟବ୍‌ଟବ୍ ଡୋଳା ଧରି ଯିଏ ହେଲା ମୋହର ଆତ୍ମୀୟ?
ଅଥବା ଫେରନ୍ତା ବାଟ ଦୁଲୁସାଇ ଚାଲେ ଯେଉଁ ଲୋକ?

ଅନ୍ୟଦିନ

ଗଲାଥର କେଉଁଠାରେ ? ସେ ଅଡୁଆ ଘାଣ୍ଟି ଲାଭ ନାହିଁ।
ମୋର ଖାଲି ମନେଅଛି ତାହା ଏକ ପ୍ରଶସ୍ତ କୋଠରୀ,
ତମେ ମୁଁ ନିଶ୍ଚୟ ଥିଲୁ, ତା' ଛଡ଼ା ବି ଥିଲେ ବହୁ ଲୋକ,
ସମସ୍ତେ ଅସ୍ଥିର ପାଦେ ହାତେ ହାତ ଛନ୍ଦି ନାଚୁଥିଲେ
ଏବଂ କୋଠରୀ ମଧ୍ୟେ ବାଜୁଥିଲା ଅସଂଖ୍ୟ ମହୁରୀ।
ଆମେ ହିଁ କେବଳ ଛିଡ଼ା ଥିଲୁ ଈଷତ୍ ଖାପଛଡ଼ା ହୋଇ,
ତମେ ଯେଣୁ ଭାବୁଥିଲ ଏ ନାଚଟା ଖୁବ୍ ଅଲାଜୁକ,
ମୁଁ ଯେହେତୁ ଏକ ମକ୍‌ଚା ବାମପାଦ ନାଚର ବିଦ୍ରୋହୀ।

ତା'ପରେ ପଦାକୁ ଗଲୁ (କେଉଁଠାକୁ ? ଘାଣ୍ଟି ଲାଭ ନାହିଁ)
ଆମେ ଦୁହେଁ, ଏବଂ ଆମେ ନାଚି ନାହୁଁ ଯଦିଓ ତେବେ ବି
ସେ ଗାନାବାଜଣା ଶବ୍ଦ ଖାଉଥିଲା କାନରେ ଅତଡ଼ା,
ସାଂଘାତିକ ଥଣ୍ଡା ହାଓ୍ୱା ମୁହଁ ପାଖେ ପିଟି ହେଉଥିଲା
ଓ ଛାତି ଭିତରେ ଏକ ମର୍ମାନ୍ତିକ ଚହଲର ଦାବି।
କେହି ତ ରହିଲେ ନାହିଁ, ସେ ନାଚ, ସେ ପବନ, ସେ ଗୀତ
ଅଥବା ରହିଲେ କା'ର ଅଂଶ ରୂପେ ପ୍ରେତ ଯେଉଁପରି
କପୋଲକଳ୍ପିତ କିମ୍ବା ଭୟରେ ନିର୍ମିତ।

ସେ ଏକ ମୁହୂର୍ତ୍ତ ମାତ୍ର। କୋଠରୀକୁ ଫେରିଲୁ ତା'ପରେ
ତମେ ଗୀତ ଗାଇଲ ଓ ମୁଁ ଭାବିଲି ଘେରେ ନାଚିଯିବି
(ଯଦିଓ ପାରିଲି ନାହିଁ। ମକ୍‌ଚା ପାଦ ନେଇ କିଏ ନାଚେ ?)

କୋଠରୀ ଉଚ୍ଚାଟ ହେଲା, ଆମେ ଦୁହେଁ ତରଳି ପାହାଡ଼ୀ
ଉପନଦୀ ପରି ଆସି ଛୁଇଁଲୁ ତା' ଶବ୍ଦର ଜାହ୍ନବୀ।
ଜମିରୁ ଓଟାରି ହୋଇ କେତେ ଲକ୍ଷ ଦେବଦାରୁ ଗଛ
ଗଛରୁ ଓଟାରି ହୋଇ ଲକ୍ଷଲକ୍ଷ ଜଙ୍ଗଲୀ ଚଢ଼େଇ
କୋଳାହଳେ ଯୋଗଦେଲେ, ଚାରିଆଡ଼େ ଧ୍ୱନି ଏବଂ ନାଚ।

ତମେ ବି ଆଶ୍ଚର୍ଯ୍ୟ ହେଲ ଯେତେବେଳେ ଦେଖିଲ କୋଠରୀ
ଏକଦମ୍ ଶୂନ୍ୟ ଥିଲା ତମକୁ ଓ ମତେ ଛାଡ଼ିଦେଲେ।
ମୁଁ କ'ଣ ନ ଥିଲି ଶୂନ୍ୟ ଯେତେବେଳେ ତମେ ଚାଲିଗଲ
ଏବଂ ମକ୍‌ଚା ପାଦ ଯୋଗୁଁ ମୁଁ ତମର ପିଛାଧରି ନାହିଁ?

ସେ ତମର ସ୍ୱାଧୀନତା, କେତେବେଳେ ନିଦ ଭାଙ୍ଗିଗଲେ
କୁଟା-ହଳଦିଆ କାନ୍ଥ ଫିମ୍ପିମରା ଛାତ ଭିତରେ ବି
ସେ ଶବ୍ଦର କୋଳାହଳ ଜୀବନ୍ୟାସ ନେବ ଯେତେବେଳେ
ମକ୍‌ଚା ଏକ ପାଦ ଯୋଗୁଁ ଅପନ୍ତରା ଭିତରେ ମୁଁ ଥିବି।

ଇନ୍ଦ୍ରଧନୁ

ମୁଁ ତମକୁ ଡାକୁଥିଲି ସତେ ଅବା ମଝି ପୋଖରୀରେ
ଭାସୁଥିବା ହଂସ ଏକ ଡାକୁଥିଲା ପହୁଞ୍ଚା ହଂସକୁ
ପୋଖରୀର ହୁଡ଼ା ଭାଙ୍ଗି ଯେତେବେଳେ ପାଣି ଆସିଗଲା ।
ତମେ ଫେରି ଚାହିଁଲନି । କାହା ପାଇଁ ଏତେ ବେଶି ଭୟ ?
ଏବଂ ଓଦା ଶାଳପତ୍ରେ ଚକ୍‌ଚକ୍ ଖରା ଝଲ୍‌ସୁ ଥିଲା
ସତେ ବା ପଲ୍‌ଟଣ କେତେ ଶୋଇଥିଲେ ସୂର୍ଯ୍ୟମୁହାଁ ହୋଇ
ଓ ତାଙ୍କ ନମ୍ବରମାନ ପାଲିସ୍‌ରେ ଜଳିଲା ଜଳିଲା ।

କାହାକୁ ଡରିଲ ତମେ ? ଆମେ ଫେରି ଦେଖିଲୁ ଗାଆଁରେ
ସବୁରି ଦରଜା ମେଲା, କେଉଁଠାରେ କୁଣ୍ଠିତ ଘୁଷୁରି
ଓଟରା ହେବାର ଚିହ୍ନ, କେଉଁଠାରେ ବୁଣା ମାଣ୍ଡିଆ ତ
ଅନ୍ୟଠାରେ ଭଙ୍ଗାହାଣ୍ଡି, ଲାଉତୁମ୍ବା ଅଥବା ଜୁଆଳି ।
ସେମାନେ ଯେମିତି ମଧ୍ୟ ପଳାଇବା ନିମିତ୍ତ ଉଦ୍ୟତ
ଅଥଚ ପାରନ୍ତି ନାହିଁ । ଗାଆଁମୁଣ୍ଡ ଦୋଛକୀ ରାସ୍ତାରେ
କାଚ ଓ ମନ୍ଦାର ଫୁଲ, ମୋଡ଼ା ମୁର୍ଗୀ ଏବଂ ଦୁର୍ବାକ୍ଷତ ।

ପାହାଡ଼ ଉପରୁ ଆମେ ତାହା ପରେ ଦେଖିଲୁଁ ତମର
ଲମ୍ବା ଲମ୍ବା ଗୋଡ଼ ଏବଂ ବୁଗେନ୍‌ଭିଲା ଡାହି ପରି ହାତ,
ମଟରର ଆଲୁଅରେ ଛାଇପରି ଆକାଶ ଛୁଉଁଚି,
ବସ୍ତିର ପୁନରୁଦ୍ରେକ, ଚାରିଆଡ଼େ ଜଙ୍ଗଲ ସଫେଇ,
ଚାଳଚିରା ଧୂଆଁ ଏବଂ କିଏ ହଠାତ୍ ଲାଜେଇ ଯାଉଚି ।

ଏ ଲାଜ କାହାକୁ ? ଯଦି ସେତେବେଳେ ଲାଜ ଲାଗି ନାହିଁ,
ଏ ଲାଜର କି କାରଣ ଯେତେବେଳେ ସମାପ୍ତ ହୋଇଚି ?
ତା'ପରେ ଦେଖିଲୁଁ ଆମେ ତମ ସାଙ୍ଗେ ହଠାତ୍ ଦିଗନ୍ତେ
ବିଭିନ୍ନ ବହ୍ନିରେ ଦଗ୍ଧ ଇନ୍ଦ୍ରଧନରୁ ଆର୍ଦ୍ର ପୁଣି ସ୍ଫଟିକ ବର୍ଷାରେ
ସାପ ପରି ଚକ୍ ଚକ୍ କରୁଥିଲା ଆକାଶର ସନ୍ଦେହ ଭିତରେ।
ତମେ କିନ୍ତୁ ଦୌଡ଼ିଗଲ ପଛକରି, ଆମ ଡାକେ ଇତସ୍ତତଃ ହେଲ
ଏବଂ ଆମେ ଜଳୁଥିଲୁଁ ଯେତେବେଳେ ବିଭକ୍ତ ଅନ୍ତରେ
କେଉଁ ଫଟା ଦର୍ପଣରେ ମୁହଁଦେଖା ପରି କରି ମୁହଁ
ପରସ୍ପର ଜାକି ଧରି ଥରୁଥିଲେ ଆପଣାର ମଝି ବଖରାରେ।

ସବୁ ବାରି ହେଉଥିଲା, ତମର ସେ ପରସ୍ପର କୋଡ଼େ
ପରସ୍ପର ମୁହଁଲୁଚା ଅନ୍ଧାରରେ ଯାହା ରକ୍ଷା କରେ କାରଣ ସେ
କିଛି ଦୃଶ୍ୟ କରେ ନାହିଁ। ଚଲାମେଘପରି ଯେତେବେଳେ
ଆମ ମନେ ଭାସୁଥିଲା ପଚାରିବା ନିମିତ୍ତ କଳ୍ପନା
ଆମକୁ ଦିଶିଲା ତମେ କେତେ ଶେତା ସ୍ତ୍ରୀଲୋକଙ୍କ ମେଳେ
ଆମକୁ ପ୍ରାର୍ଥନା କର ନ ଫେରିବା ପାଇଁ ପୁନର୍ବାର
ନିଜରୂପେ କିମ୍ବା ଇନ୍ଦ୍ରଧନୁରୂପେ ତମ ନୂଆ ଗାଆଁ ଚକ୍ରବାଳେ।

ପକ୍ଷୀ

ଏକ

ଖାଲି ଥିଲ ତମେ ଦୁହେଁ। ଜଣେ ଛାଇ, ଅଗାଧ ସମୁଦ୍ରେ
ମନରେ ମୃତ୍ୟୁର ସ୍ମୃତି ଭାସୁଥିଲା ପରି ଭାସୁଥିଲା,
ଏବଂ ତମେ, ମାଂସମୟ, ଅତି ଉର୍ଦ୍ଧ୍ୱେ ଉଡୁଥିଲାବେଳେ
ଅଜ୍ଞାନ ଫାଙ୍କର ଦେହ ତମ ଦ୍ରୁତ ଛାଇ ବିଦ୍ଧ କଲା।
ତା'ପରେ ସେ ଅନ୍ତର୍ଦାହୀ ଯନ୍ତ୍ରଣାର ପ୍ରଥମ ଚିତ୍କାର
ଓ ତାହାର ବସ୍ତୁ ପାଇଁ ଏକ ତୀକ୍ଷ୍ଣ ଲୋଡ଼ିଲା ଲୋଡ଼ିଲା।

ସେଥିରୁ ଅନେକ ଇଚ୍ଛା, ବାସ୍ନାଭାରେ ଫୁଟିଲା ଫୁଲର
ନିମିତ୍ତ ଓ ସ୍ୱରଭାରେ ଆକ୍ରାମାକ୍ରା ବାଦ୍ୟଯନ୍ତ୍ର ପାଇଁ,
ଏକ ସ୍ୱଚ୍ଛ ଆକାଶ ଯା' ଜଳୁଥିବ ସୂର୍ଯ୍ୟର ଉଲ୍ଲାସେ
ଏବଂ ଅନେକ କ୍ଷେତ ଢାଲୁ ଅବା ସମତଳ ଭୂଇଁ
ଯହିଁରୁ ନିଗୁଡୁଥିବ ସାବ୍‌ଜା ଆଉ ହଳଦୀର ପୁଟ,
ଆହୁରି ଅନେକ କିଛି ପୂର୍ବୁ ଯା'ର ପରିଚୟ ନାହିଁ।

ଈପ୍‌ସାର ଘଟଣା ସତ, ଈପ୍‌ସା କିନ୍ତୁ କରିଚି କିଏ ସେ?
ତମେ କ'ଣ ଜାଣିଥିଲ ଏ ସବୁର ତମେ ହିଁ କାରଣ?
ଆହା, ନା, ଯେହେତୁ, ତମେ ଉଡୁଥିଲ ଈପ୍‌ସାର ଉପାନ୍ତେ
ଯେଉଁଠି ମୌନତା ଯୋଗୁଁ ହସ କାନ୍ଦ ଏକ ଓ ଅଭିନ୍ନ,
ବାକ୍ୟର ଅନୁପସ୍ଥିତି ଯୋଗୁଁ ହଠାତ୍ ଧରିନେଇ ହୁଏ

ଏ ଏକ ଫାଙ୍କାର ପ୍ରାନ୍ତ, ବାଲୁଚର, ଉଦ୍‌ଭିଦବିହୀନ।
ସେ ପ୍ରଥମ ଟାପରା ଯେ ତମେ ପୁଣି ଖସିଲ ତଳକୁ,
ଓଦା ଓଦା ପକ୍ଷ ଓ ଥୁରୁ ଥୁରୁ ଆଣ୍ଠୁର ସହିତ
ଏବଂ ସାମ୍‌ନା କଲ ସେ ମୁମୂର୍ଷୁ ଭାସନ୍ତା ଛାଇର।
ସେ ତା'ହେଲେ ଅନୁକମ୍ପା ? ଯାହା ହେଉ, ଚଢ଼େଇ ବହୁତ
ହଠାତ୍ ଚକ୍‌କର ଦେଲେ ଏକ କ୍ଷିପ୍ର ଭଙ୍ଗୀର ଉପରେ।
ତଳେ ଜମି ଦେଖାଗଲା, କଳା କିମ୍ବା ନାନାଦି ଲୋହିତ।

ଦୁଇ

ସେ ଛାଇର ପାଦତଳେ କୁଢ଼କୁଢ଼ ଭଙ୍ଗା ଶାମୁକାର
ଖତ ଯେବେ ବୁଣାଗଲା, ହେ ଚଢ଼େଇ, ତମେ ତା' ଦେହର
ବରଗଛେ ଡାଳୁଁ ଡାଳ ଡେଇଁ ଡେଇଁ ଦେଖିଲ ଚୌଦିଗେ
ବାସ୍ନା ଫୁଲ ଫୁଟିଅଛି ଲାଲ୍ ଧଳା ନାନାଦି ବର୍ଣ୍ଣର।
ଅନେକ ବାଦ୍ୟର ଯନ୍ତ୍ର, ଏବଂ ସାରା ଆକାଶେ ପବନେ
ଭୋଜିର ଉଚ୍ଚାଟ ଆଉ କୋଳାହଳ ପରଆପଣାର।

ସେ ଚହଲ, ଦୁମ୍‌ଦାମ୍, ଓଜନିଆ ପାଦର ପାହାରେ
ଈଷତ୍ ବିଚ୍ୟୁତ ହେଲା ଅନଭ୍ୟସ୍ତ ପୃଥିବୀର ଭାର,
ଡେଙ୍ଗରୁ ପାଚିଲା ଫୁଲ ପରି କେତେ ମଣିଷ ହଠାତ୍
ସମୁଦ୍ରରେ ଝଡ଼ିଗଲେ ଏଡ଼ିଦେଇ ସ୍ନେହର ଦୁଆର।
ଈପ୍‌ସାର ବଦଳେ ଏକ କ୍ଷତି ଲାଗି ଶୁଭିଲା କାନ୍ଦଣା
ଅନୁଭୂତ ଆତ୍ମୀୟତା ଲାଗି ଯା'ର ନାହିଁ ଦେହାନ୍ତର।

ତିନି

ତମେ ତ କରିଚ ପୁଣି ପ୍ରଦକ୍ଷିଣ ସେ ଏକଦା ବିକ୍ଷୁବ୍‌ଧ ଶୂନ୍ୟକୁ
ତମେ ତ ଫେରିଚ ପୁଣି ବରଗଛ ଡାଳେ ବହୁବାର,
ତମେ କ'ଣ ପତ୍ର ଏବଂ ପ୍ରଶାଖାଙ୍କ କାନେ କାନେ କହ
ଅସଂଖ୍ୟ ବିଚ୍ୟୁତି ପରେ ସେ ଗଛର ନାହିଁ ହାହାକାର।
ତା'ର କ'ଣ ହଜେ ନାହିଁ? ପ୍ରତିବର୍ଷ ଶୀତଋତୁ ବେଳେ
ସେ ଗଛ ତ ଦିଗନ୍ତରେ ନକ୍‌ସା କିଛି ସରଳରେଖାର।

ଆମର ଉଲ୍ଲାସ ବେଳେ ମନେପଡ଼େ ସେ ଫାଙ୍କାର ଏବଂ ସେ ବନ୍ୟାର
ସ୍ମୃତି, ଆଉ ଜଣାପଡ଼େ ଏଠି ସିନା ବାସ୍ନାବର୍ଣ୍ଣ ଅଛି,
ଫୁଲ କିନ୍ତୁ ନାହିଁ, ଚଢ଼େଇଙ୍କ ଚେହେରା ବି ନାହିଁ
କାକଳୀ ରହିବା ସତ୍ତ୍ୱେ, ଘରେ ଘରେ ସ୍ୱାଗତ ରହିଚି,
କିଏ ସେ ଫେରୁଚି କିନ୍ତୁ? ସାଇକେଲ୍‌, ରେଳ ଓ ମଟର
ଏସବୁ ରହିଲେ କେତେ, ଗଲେ କ'ଣ ଅଧିକା ଯାଉଚି?

ନଭେମ୍ବର-୩୦, ଡିସେମ୍ବର-୧

ଜ୍ୟୋସ୍ନାରେ ରଙ୍ଗିନ ପାଣି, ବ୍ୟକ୍ତିଗତ ନିଭୃତତା ନିଆଁରେ ଜ୍ୱଳନ୍ତ
କଇଁଫୁଲମାନ ସ୍ୱଷ୍ଟ, ଚନ୍ଦ୍ରାଲୋକେ ହେବାରୁ ଚିତ୍ରିତ,
ମୁଁ କ'ଣ ଦେଖିନି ଏହା ? ଠିକ୍ ଠିକ୍ କହିଲେ ଅନେକ
ପୋଖରୀ ଓ ଲେନ୍ଥା ଲେନ୍ଥା ଲାଲ୍ ନୀଳ ଧଳା କଇଁଫୁଲ
ଜହ୍ନରାତି ଆମ୍ବଗଛ ଛାଇ ଏବଂ ଈଷତ୍ ତପ୍ତ ଦ୍ୱିପ୍ରହରଠାରୁ
ମୁଁ ଫେରାର୍ ହୋଇ ଖୋଜେ ଲମ୍ବାରାସ୍ତା ପେଟ୍ରୋଲ ଓ ନବେ ଡିଗ୍ରି ବାଙ୍କ
ଶୋଇଲା ଗାଆଁର ସୁନ୍ଥା ଭାଙ୍ଗିଭୁଙ୍ଗି ଅଲଗା ହେବାର
ବହୁପୂର୍ବ କ୍ରାନ୍ତ ତା' ସୀମାରୁ।

ରାସ୍ତାର ଦିପାଖେ ଗଛଡ଼ାଳ ତୀକ୍ଷ୍ଣ ମଟର ଆଲୁଏ
ବନ୍ଧୁକର ନଳୀପରି କ୍ରମସରୁ ରାସ୍ତା ଖୋଲିଦିଏ,
ଏବଂ ମୁଁ ଡାହାଣ ଗୋଡ଼େ ଇଞ୍ଜିନ୍‌ର ଲାଞ୍ଜ ମୋଡ଼ି ଭୁଲେଁ
ବାହାରେ ରାତିର ଥଣ୍ଡା ପବନରେ ବାସ୍ନା କେଜାଣି କି।
ମୁଁ ଖାଲି ନିଜର ବାସ୍ନା ବାରିପାରେ, ଲକ୍ଷ ଲକ୍ଷ ବର୍ଷର ସମୁଦ୍ର
ନୂତନ ଝଡ଼ରେ ଯାହା ବାସେ, ଏବଂ ଶୁଣେ ଷ୍ଟିଅରିଂ ସାମ୍ନାରୁ କିଏସେ ଡାକିଲେ,
ଦେଖେଁ ବି ଅସଂଖ୍ୟ ଛାଇ ଷ୍ଟିଅରିଂ ସାମ୍ନାରୁ ରାସ୍ତାରେ
ପଡୁଥାନ୍ତି ଛିଟିକି ଛିଟିକି।

ତା'ପରେ ହଠାତ୍ କିଛି ଲୋଚାକୋଚା ପାହାଡ଼ କମ୍ବଳ
ଉପରେ ଆକାଶ ମୁହଁ ଉନ୍ମେଇର ଦୀପ୍ତିରେ ପାଂଶୁଳ,
ଯଦିଓ ଅଗ୍ନାଗ୍ନି ବଣ, ପୋଡୁ ଜମି, ଗଛ, ଗୁମ୍ଫା, ଉତ୍‌ଥାନ, ପତନ

(ସେ କେଉଁ ହତାଶପ୍ରେମୀ କାନ୍ଦି କାନ୍ଦି ରଙ୍ଗପାତ୍ରେ ନେଇ
ଆତ୍ମାର ଅନ୍ଧାର କିଛି ବୋଳିଗଲା ଜାଲୁ ଜାଲୁ ଲୁହର ଆଲୁଏ)
ସବୁରି ପୃଥକ୍ ସତ୍ତା ସେ ପର୍ଯ୍ୟନ୍ତ କୁହୁଡ଼ି ଓ ଅନ୍ଧାରେ ଆଚ୍ଛନ୍ନ।
ବନେଟ୍ ଆଗରେ ଉଡ଼ି ଝାଡୁଥିଲେ ପକ୍ଷରୁ କାକର
କୁମ୍ଭାଟୁଆ ଓ ବଣି ଚଢ଼େଇ।

କିଏ ସେ ଉଡ଼ିଲା ଊର୍ଦ୍ଧ୍ୱେ, କିଏ ବାମେ କିଏ ସେ ଦକ୍ଷିଣେ
କିଏ ସେ ଦେଖିଲା ମୁହଁ ମଟରର କାଚର ଦର୍ପଣେ।
ମୁଁ ଇଚ୍ଛା କରିଲି ଯଦି କେତେଜଣ ପକ୍ଷୀଙ୍କ ଉପରେ
ମଟରଟା ମାଡ଼ିଯାନ୍ତା। କେହି କିନ୍ତୁ ମଲେ ନାହିଁ, ଇଞ୍ଜିନ୍ ପବିତ୍ର ରହିଲା,
କ୍ଷୁଧାର୍ତ୍ତ ଇସ୍ପାତ ଦେହେ ବାଜିଲେନି କୌଣସି ବାଟୋଇ
ସଭିଏଁ ଛାଡ଼ିଲେ ବାଟ, ରକ୍ତ ନାହିଁ, କାନ୍ଦ ନାହିଁ, ପାଣିଚିଆ ରାତିର କାକରେ
ଥୁରୁଥୁରୁ ମଜ୍ଜା ଏବଂ ଏକ ସୀସା ବାକ୍ସ ମୋ ମନରେ।

କ୍ୟାଲେଣ୍ଡର ଫର୍ଦ୍ଦଟେ ଚିରିଲା।

ଦଶହରା ୧୯୬୧

ମୁଁ ଗଛରେ ଲାଖିବାକୁ ଆଉ କେତେବେଳ ସ୍ଥିର କଲି
ଯଦିଓ କାନ୍ଧରେ ମୋର ମାଡ଼ିପଡ଼େ ଗଛର ଓଜନ।

ଆଜି ମୁଁ ପଡ଼ିବି ନାହିଁ ଏପର୍ଯ୍ୟନ୍ତ କାନରୁ ଲିଭିନି
ଆଜି ମୁଁ ପଡ଼ିବି ନାହିଁ ଆରବର୍ଷ ଦଶହରା ଦିନ
ଆଜି ମୁଁ ପଡ଼ିବି ନାହିଁ ପାଉଡ଼ର୍ ବୋଲି ହୋଇଥିଲି

ଆଜି ଯଦି ଖସିପଡ଼େ ଏ ହାୱାର ତପ୍ତ କରେଇରେ
କାହାର ନ ଥିବ କ୍ଷୋଭ, ମତେ ମଧ୍ୟ ମୁକ୍ତି ମିଳିବନି
ଭାବିବାରୁ ଆରବର୍ଷ ଯେଉଁମାନେ ମତେ ଦେଖିଥିଲେ
ସେମାନଙ୍କ ଅନ୍ଧକାରେ ମୁଁ ଜହ୍ନର ଅମର ରୋଷଣୀ।

ବହୁତ ପତ୍ର ତ
ଝଡ଼ିଚନ୍ତି, ଝଡ଼ିଚନ୍ତି ଖୁବ୍ ଥଣ୍ଡା ପବନ ଝଲ୍‌କାରେ
ବୈଶାଖ, ଜ୍ୟେଷ୍ଠରେ ଏବଂ ଆଷାଢ଼ ଓ ଶ୍ରାବଣ ମାସରେ,
ଝଡ଼ିବାଟା କଷ୍ଟ ନୁହେଁ। ଡେମ୍ଫ ସାଙ୍ଗେ ମାତ୍ର ଲାଖିଥିବା
ଏପରି ଭାବେ ଯେ ଯେବେ ପତ୍ର ଝଡ଼େ କିଛି ପଡ଼େ ନାହିଁ
ସର୍ବଦା ଘଟେନି ଏହା। ସୁତରାଂ ପ୍ରଭୁ ତ୍ରାହି ତ୍ରାହି
ଏ ହାୱାରୁ ଯାହା ପୂର୍ଣ୍ଣ ପ୍ରତୀକ୍ଷାରେ ଓ ମେଲା ଆଖିରେ,
ଥରେ ମାତ୍ର ରକ୍ଷାକର ମୋ ଛାଇକୁ ଗଳିର ରାସ୍ତାରେ
ପେଟ୍ରୋମାକ୍ସ ଆଲୁଅରେ (ଭଗବାନ) ପ୍ୟାଣ୍ଟ ଖୋଲିବାରୁ,
ମୁଁ ଏ ପର୍ଯ୍ୟନ୍ତ ବଞ୍ଚି ନାହିଁ ଶିଖି ନାହିଁ ମରିବା ଯେହେତୁ
ଆଉ ମାତ୍ର ବର୍ଷେ ଦିଅ ଲାଖିବାକୁ ଗଛର ଡାଳରେ
ମୋହର ଦର୍ପଣ, ପ୍ରଭୁ, ହଜିଥିଲା, ଗଲାବର୍ଷ ସାରା
ଯଦିଓ ମୁଁ ଭାବୁଥିଲି ମୁଁ ନିଜକୁ ଦେଖି ପାରୁଅଛି
ଇରୁଣ୍ଡିବନ୍ଧର ପଛେ ଘନ ଘୋର ସ୍ମୃତିର ଅନ୍ଧାରେ,
ମୁଁ ଉଲ୍ଲୁ କାହିଁକା ! ମୋର ଆପଣାର କଳ୍ପନାକୁ ଯାହା
ଆଲୋକିତ କରୁଥିଲି ଅନ୍ଧତ୍ୱର ଚିହ୍ନା ବିଜୁଳିରେ।

ଦ୍ୱିତୀୟ ମଧ୍ୟାହ୍ନ

ସେ ମଧ୍ୟ ସମ୍ଭବ ଥିଲା
କେଉଁ ଚୌଡ଼ା ସମୁଦ୍ର ବାଲିରେ, ଲୁଣିପାଣିଦ୍ୱାରା ଓଦା ସାୟା
ଶୁଖୁଥିବା କଷ୍ଟେ ଭାଙ୍ଗି ଭୁଙ୍ଗି ଆପଣାକୁ ପ୍ରସ୍ତୁତ କରିବା
ଆଂଶିକ ସିକ୍ତତା ପାଇଁ, ତା'ଠୁଁ କିନ୍ତୁ ଭୟଙ୍କର ଏହା-

ଜଣେ ଲୋକ ବସିଥିଲା କବାଟକୁ ପିଠିଆଡ଼ କରି।
କାନ୍ଧର ମସୁରୀ ଟେକି ସାମ୍ନାର ଉନ୍ମୁକ୍ତ ବହିକୁ
ଛୁଇଁଲା ଶଙ୍କିତ ଖରା ଅପରାହ୍ନ ସାଢ଼େ ପାଞ୍ଚଟାର
କେଉଁ ଲାଜକୁଳୀ ପତ୍ନୀ ଅଚେତନ ସ୍ୱାମୀର ବାଳକୁ
ଥରଥର ଆଙ୍ଗୁଠିରେ ରହି ରହି ଘାଣ୍ଟୁଥିଲା ପରି।

ମୁଁ ସେ ଲୋକ। ବସିଥିଲି କବାଟକୁ ପିଠିଆଡ଼ କରି,
ସୂର୍ଯ୍ୟାଲୋକ ଦୌଡ଼ିଯାଏ ପୁନର୍ବାର କାନ୍ଧର ଉପରେ
ଅକ୍ଷର ହୁଏତ ଦିଶେ, କେତେକ୍ଷଣ ? ପାଦର ପାଉଁଜି
କୁମ୍ଭୀର ଗିଳିଲା ପରି ବର୍ତ୍ତମାନ ଅଗଣାର କଦଳୀଗଛରେ
ବର୍ତ୍ତମାନ ଆଉ ନାହିଁ ବେକ ଭାଙ୍ଗି ଖୋଜିବା ଉତ୍ତାରେ
ଓ ବହି ଅକ୍ଷର ସବୁ ଜଳିଜାଳି ଭସ୍ମ ହୋଇଗଲେ
ସାୟା ପରି ନୁହେଁ, ଏକ ଶବ୍ଦ ପରି ଜ୍ଞାତିଙ୍କ ଅଗ୍ନିରେ।

ତା'ପରେ କୌଣସି ନକ୍ସା, ବ୍ଲୁପ୍ରିଣ୍ଟ୍ ବା ଗ୍ରାଫ୍ କାଗଜେ
ଲୋଡ଼ିବାର ଲକ୍ଷ ନାହିଁ। ଅବତାର କେବଳ ଦଶଟି।

ପଡ଼ିବାର ମଧ୍ୟାହ୍ନରେ ଖରାଖିଆ ଆଖିର ପାପୁଲି
ନ୍ୟୂନ ହୋଇଯିବାପରେ ସାଇମନ୍ ଶୋଇଚି ସବୁଠିଁ।
ଯେଉଁମାନେ ରକ୍ଷା ହେଲେ କାନ୍ଦୁଥିଲେ ସେମାନେ ସମସ୍ତେ
ସମୁଦ୍ର ପାଣିରେ ଓଦା ସାୟାମାନେ ଅଣ୍ଡାଦେଲା ପରି,
ଭାଗ୍ୟବାନମାନେ ତ୍ୟକ୍ତ ଇଚ୍ଛାଶୂନ୍ୟ ମନର ବନସ୍ତେ।
ପଥର ବାଲରେ କିଆଁ ଜଣାଯିବ ରାସ୍ତାର ଆଙ୍ଗୁଠି ?

ମୁଁ ସେ ଲୋକ, ଭାଗ୍ୟବାନ। ସାଇମନ୍ ଫାରିସି ଯେପରି।

ଏ ଖରାର ସନ୍ଧ୍ୟାପରେ ସେ ନିଦର ଖରା ମୋ ମନର
ଆଲ୍‌ଣାରେ ରଖିଲା କୋଟ୍ ପାଇଜାମା ବିଛଣା ଚାଦର।
ପ୍ରଥମରୁ ପୁରସ୍କୃତ ବେଶ୍ୟା ପରି ବହି ଖୋଲିଗଲା
ଓ ସୂର୍ଯ୍ୟାସ୍ତ ଖାଲି କଲା ଏକମାତ୍ର ଖଟ ମୋ ଘରର,
ଖଟ ବି ବିଲୟ ହେଲା ସେ ଉତ୍ତପ୍ତ ସୂର୍ଯ୍ୟର ରଶ୍ମିରେ
ହୁଏତ ସାୟାରେ ଥିବା ସମୁଦ୍ରର ଲୁଣିପାଣି ପରି-

ଏକବାରେ ଧ୍ୱଂସ ନୁହେଁ, ଏ ନିଷ୍ଠୁର ଆକାଶେ ଦିନେ ବା
ଦିନେ ତାକୁ ଅପରାହ୍ଣେ ପଠାଇବ, ମେଘ, ବର୍ଷା, ଅନ୍ଧାର ଭାବରେ
ମୋ ପିଠିର କାନ୍ଥ ଡେଇଁ କୋଠରୀ ଓ ଉନ୍ମୁକ୍ତ ବହିକୁ,
ମୁଁ କ'ଣ କରିବି ଗର୍ବ ମୋ ଦ୍ୱିତୀୟ ମଧ୍ୟାହ୍ନ ନାମରେ ?

ପୃଷ୍ଠବନ୍ଧ

ଏ ବହି ସମ୍ବନ୍ଧରେ ଗଦ୍ୟରେ କିଛି ନ ଲେଖିବାକୁ ମୁଁ ପ୍ରଥମରୁ ସ୍ଥିର କରିଥିଲେ ହେଁ ମୁଖ୍ୟତଃ ଦୁଇଟି କାରଣଯୋଗୁଁ ଏ ପୃଷ୍ଠବନ୍ଧ ଲେଖୁଛି, ଯାହାମଧ୍ୟରୁ ପ୍ରଥମ କାରଣ ଏହା ଯେ ସମ୍ଭବତଃ ମୋର ପାଠକମାନଙ୍କ ନିକଟରେ ଏହା ହିଁ ମୋର ସର୍ବଶେଷ କିଛି ସମୟବ୍ୟାପୀ କଥାବାର୍ତ୍ତା, ଯେହେତୁ କୌଣସି ପ୍ରକାଶକ ମୋର ଦ୍ୱିତୀୟ କବିତା ସଂକଳନ (ଯଦି ତାହା କେବେ ହୁଏ) ପ୍ରକାଶ କରିବାର ଦୁଃସାହସ ପୁନଶ୍ଚ କରିବ ବୋଲି ମୋର ବିଶ୍ୱାସ ନାହିଁ। ଦ୍ୱିତୀୟତଃ, କୌଣସି ପ୍ରଥମ ପୁସ୍ତକର ଲେଖକର କେତୋଟି ମୌଳିକ ପ୍ରାଥମିକ ବକ୍ତବ୍ୟର ଦାୟିତ୍ୱ ରହିଛି, ଯାହାକୁ ଏଡ଼ାଇଦେବା ଅସମ୍ଭବ ନ ହେଲେ ବି ରୁଚିଗର୍ହିତ। ସୁତରାଂ ଏ ପୃଷ୍ଠବନ୍ଧ, ଯାହାର ବିଷୟବସ୍ତୁ ହେଉଛି ସାହିତ୍ୟ ସୃଷ୍ଟିର କଷ୍ଟକାରୀତା।

ଏ କଷ୍ଟକାରୀତା ଦୁଇଟି ପର୍ଯ୍ୟାୟରେ ଆଲୋଚିତ ହୋଇଛି ଏବଂ ତାହା ହେଉଛି ସାଧାରଣ ଭାବେ ଭାରତୀୟ ଓ ବିଶେଷ ଭାବେ ଓଡ଼ିଶାର ପରିସ୍ଥିତି। ଓଡ଼ିଶାର ଏକ ପ୍ରଧାନ ସମସ୍ୟା- ଏବଂ ତାହା କେବଳ ସାହିତ୍ୟିକ ନୁହେଁ - ଏହା ଯେ ଏହାର ଐତିହାସିକ ପରମ୍ପରା ଏକ ନିଛକ୍ ଓଡ଼ିଆ ସଂସ୍କୃତି ସୃଷ୍ଟି କରି ନାହିଁ। ସାଂସ୍କୃତିକ ଦୃଷ୍ଟିରୁ ଉପକୂଳବର୍ତ୍ତୀ ଜିଲ୍ଲାଗୁଡ଼ିକ, ପୂର୍ବତନ ଦେଶୀୟ ରାଜ୍ୟମାନଙ୍କଦ୍ୱାରା ସଂଗଠିତ ଜିଲ୍ଲାଗୁଡ଼ିକ ଏବଂ ଦକ୍ଷିଣ ଓଡ଼ିଶା ତିନୋଟି ସ୍ୱତନ୍ତ୍ର ବିଭାଗର ଅନ୍ତର୍ଗତ। ଆଧୁନିକ ଓଡ଼ିଶା କୌଣସି ଏକ ନିର୍ଦ୍ଦିଷ୍ଟ ଇତିହାସ ପ୍ରସିଦ୍ଧ ରାଜ୍ୟର ସୀମା ସହିତ ସମାନ ନୁହେଁ, ବରଂ ଏହା କେତୋଟି ଏକକଙ୍କର ସମଷ୍ଟି ଯେଉଁମାନଙ୍କର ପାରସ୍ପରିକ ରାଜନୈତିକ ସମ୍ବନ୍ଧ ଅନେକ

ସମୟରେ ମଧୁର ଓ ସହଯୋଗ-ଭାବାପନ୍ନ ନ ଥିଲା । ଭାଷାଗତ ଏକତା ଯୋଗୁଁ ଏକ ଗୋଷ୍ଠୀଗତ ମନୋଭାବ ଅଳ୍ପଦିନର ଘଟଣା । ଇଂରେଜ ରାଜତ୍ୱ ପୂର୍ବରୁ କ୍ଷୁଦ୍ର ସାମ୍ରାଜ୍ୟବାଦୀମାନଙ୍କର ସାଂସ୍କୃତିକ ଆଭିମୁଖ୍ୟ ଏ ମନୋଭାବର ପରିପୋଷକ ନ ଥିଲା । ଏ ଦୃଷ୍ଟିରୁ ଅନ୍ୟାନ୍ୟ ଅନେକ ରାଜ୍ୟ ତୁଳନାରେ ଓଡ଼ିଶା ନିଶ୍ଚୟ ହତଭାଗ୍ୟ, ଯେହେତୁ କ୍ଷୁଦ୍ର ସାମ୍ରାଜ୍ୟବାଦମାନଙ୍କର ଅପସାରଣ ପରେ ଏକ ବୃହତ୍ତର ସ୍ୱକୀୟ ସଂସ୍କୃତିକୁ ଭିତ୍ତିକରି କଳାର ଆଧୁନିକ ବିଭାଗମାନଙ୍କର ଉତ୍କର୍ଷ ସାଧନା କରିବାରେ ଓଡ଼ିଶା ପଛରେ ପଡ଼ିବାକୁ ବାଧ୍ୟ ହେଲା ।

ଏବଂ ଓଡ଼ିଶାର ଅନ୍ୟ ଏକ ସମସ୍ୟା (ଅପେକ୍ଷାକୃତ ଗୌଣ) ଏହା ଯେ ତାହାର ସାଂସ୍କୃତିକ ପ୍ରତିଭା ବାକ୍ୟ ଏବଂ ଶ୍ରୁତିଗତ ନୁହେଁ, ଦୃଷ୍ଟିଗତ । ସୁତରାଂ ନିର୍ମାଣ କୌଶଳ, ଭାସ୍କର୍ଯ୍ୟ, ସ୍ଥାପତ୍ୟ ଓ ଚାରୁକଳା ଅପେକ୍ଷା ସାହିତ୍ୟ ଓ ସଙ୍ଗୀତରେ ତା'ର ନୈପୁଣ୍ୟ ସେତେ ଦକ୍ଷ ନୁହେଁ । ଆଜି ଓଡ଼ିଶୀ ଶିଳ୍ପକଳା ସମ୍ପର୍କରେ ନିର୍ଦ୍ଦିଷ୍ଟ ଭାବେ ଧାରଣା କରିବା ଯେତେ ସହଜ, ସାହିତ୍ୟ ବା ସଙ୍ଗୀତରେ ଏକ ନିର୍ଦ୍ଦିଷ୍ଟ ଓଡ଼ିଶୀ ଆଭିମୁଖ୍ୟ ଦେଖିବା ଅପେକ୍ଷାକୃତ କଷ୍ଟକର । ସଙ୍ଗୀତର ଉଦାହରଣ ନେଲେ ଏକ ସ୍ୱତନ୍ତ୍ର ଐତିହ୍ୟ ସପକ୍ଷରେ ପ୍ରଧାନ ଯୁକ୍ତି ହେଉଛି କେତୋଟି ନିର୍ଦ୍ଦିଷ୍ଟ ରାଗର ଅସ୍ତିତ୍ୱ । ତାହା କିନ୍ତୁ କୌଣସି ବା କେତେଜଣ ଦକ୍ଷ ସଙ୍ଗୀତଜ୍ଞଙ୍କର ଅବଦାନ ହୋଇପାରେ ଓ ତାହା ଖୁବ୍ ଦୁର୍ବଳ ଯୁକ୍ତି । ଓଡ଼ିଶାର ସାମାଜିକ ସଂସ୍ଥାରେ ନୃତ୍ୟ ଓ ସଙ୍ଗୀତ ବ୍ୟବସାୟୀମାନଙ୍କର ସ୍ଥାନ ନୀଚତମ ଶ୍ରେଣୀମାନଙ୍କ ମଧ୍ୟରେ ଅନ୍ୟତମ ଥିଲା, ଏବଂ ବାଦ୍ୟ ସଙ୍ଗୀତ - ଯାହା ସଙ୍ଗୀତର ଉତ୍କର୍ଷ ପ୍ରକାଶ କରେ- ସାଧାରଣତଃ ଅଛୁଆମାନଙ୍କ ମଧ୍ୟରେ ସୀମାବଦ୍ଧ ଥିଲା । ସାମାଜିକ ଉତ୍ସବମାନଙ୍କରେ ସେମାନଙ୍କ ପ୍ରତି ସମ୍ମାନ ଓ ବ୍ୟବହାର ଦେଖିଲେ କେହି ବିଶ୍ୱାସ କରିବ ନାହିଁ ଯେ ଏ ସମାଜର ସଭ୍ୟବୃନ୍ଦ ସଙ୍ଗୀତପ୍ରିୟ । ପୁନଶ୍ଚ କୌଣସି ନୃତ୍ୟ ସହିତ ବୋଲାଯାଉଥିବା ଓଡ଼ିଶୀ ସଙ୍ଗୀତର ଅନୁଧ୍ୟାନ କଲେ ପ୍ରତି ପାଦର ଶେଷରେ ଏବଂ ସର୍ବୋପରି ଚରମ ପାଦରେ (ବିଶେଷତଃ ମୃଦଙ୍ଗ ବା ତାବ୍ଲାର ଧ୍ୱନି) ଆଦିବାସୀ ସଙ୍ଗୀତର ପ୍ରାଧାନ୍ୟ ସ୍ପଷ୍ଟ । ଆଦିବାସୀମାନେ କୁଳୀନ ଓଡ଼ିଆମାନଙ୍କଠାରୁ ଯେ ଅଧିକ ସଙ୍ଗୀତପ୍ରିୟ, ଏହା ବିବାଦୀୟ ନୁହେଁ ଏବଂ ସେମାନଙ୍କଠାରୁ ଅଛୁଆ ଓ ନୀଚଜାତୀୟ ଓଡ଼ିଆମାନଙ୍କ ଜରିଆରେ ଓଡ଼ିଶୀ ସଙ୍ଗୀତର ସୃଷ୍ଟି ବା ଅନ୍ତତଃ ଉଲ୍ଲେଖଯୋଗ୍ୟ ଅଭିବୃଦ୍ଧି ଏକ ପ୍ରଣିଧାନଯୋଗ୍ୟ ସମ୍ଭାବନା । ସାହିତ୍ୟରେ ମଧ୍ୟ ଏକ ନିର୍ଦ୍ଦିଷ୍ଟ ଆଭିମୁଖ୍ୟର ଅଭାବ ସ୍ପଷ୍ଟ, ଯଦିଓ କେତେକ କ୍ଷେତ୍ରରେ ବ୍ୟକ୍ତିଗତ ଅବଦାନ ଆଶ୍ଚର୍ଯ୍ୟଭାବେ ସମୃଦ୍ଧ । ଏହା ସହିତ ଉପରେ କୁହାଯାଇଥିବା ବୃହତ୍ତର ସାଂସ୍କୃତିକ ଐକ୍ୟର ଅଭାବ ଏକତ୍ର ଆଲୋଚନାସାପେକ୍ଷ ।

ସାହିତ୍ୟର ସୃଷ୍ଟି ପାଇଁ ଏକ ଗଭୀର ସାଂସ୍କୃତିକ ଚେତନାର ମୂଲ୍ୟ ବହୁବିଧ। ମୂଳତଃ ତାହା ଏକ ରେଳଲାଇନର କାମ କରେ, ଯାହା ବ୍ୟତୀତ ସାହିତ୍ୟିକ ରେଳଡବାର ଅଗ୍ରସର ଅସମ୍ଭବ। ସାହିତ୍ୟିକ ଅଭିଜ୍ଞତା ଅନେକ ସମୟରେ ଦୈନନ୍ଦିନ ଅଭିଜ୍ଞତା ହେଲେ ମଧ୍ୟ ସବୁବେଳେ ନୁହେଁ, ଏବଂ ହେଲେ ବି ସାହିତ୍ୟିକ ପ୍ରକାଶ ପୂର୍ବରୁ ତାକୁ ଯଥେଷ୍ଟ ପରିବର୍ତ୍ତିତ ହେବାକୁ ପଡ଼ିବ ଯେହେତୁ, (କ) ଦୈନନ୍ଦିନ ଅଭିଜ୍ଞତାର ସିଧାସଳଖ ପ୍ରକାଶ କାହାକୁ ଆଗ୍ରହୀ କରିବ ନାହିଁ, କାରଣ ପାଠକ ମଧ୍ୟ ସେତକ କରିପାରନ୍ତା, (ଖ) ଏହାକୁ ଅନେକ ସମୟରେ ସିଧା ସଳଖ ପ୍ରକାଶ କରାଯାଇପାରିବ ନାହିଁ, କାରଣ କେତେକ ମୌଳିକ ଚେତନା (କ୍ଷୁଧା, ତୃଷା, ପ୍ରେମ ପ୍ରଭୃତି) ଶବ୍ଦମାନଙ୍କ ମାଧ୍ୟମରେ ସହଜରେ ପ୍ରକାଶିତ ହୁଅନ୍ତି ନାହିଁ, ଏବଂ (ଗ) ମୌଳିକ ଚେତନାମାନଙ୍କର ବ୍ୟକ୍ତିଗତ ଅଭିବ୍ୟକ୍ତିଦ୍ୱାରା ଜଣେ ସାହିତ୍ୟିକ ଅନ୍ୟଜଣଙ୍କଠାରୁ ବାରିହୁଏ। ସୁତରାଂ ଅଭିଜ୍ଞତା ସାଧାରଣ ଓ ଗୋଷ୍ଠୀଗତ ହେଲେ ମଧ୍ୟ ତାହାର ବ୍ୟକ୍ତିଗତ ଅଭିବ୍ୟକ୍ତିଦ୍ୱାରା ହିଁ ସାହିତ୍ୟର ଗୁଣ ନିର୍ଦ୍ଦିଷ୍ଟ ହୁଏ। ଏ ଅଭିବ୍ୟକ୍ତିର ଅଭାବ ଯେଉଁ ସାହିତ୍ୟରେ ଯେତେ ବେଶି ତା'ର ଗୁଣ ସେତେ କମ୍। ବର୍ତ୍ତମାନ ଏ ଅଭିବ୍ୟକ୍ତି ସହିତ ଉପରେ କୁହାଯାଇଥିବା ସାଂସ୍କୃତିକ ଚେତନାର ସମ୍ବନ୍ଧ ଦେଖାଯାଉ। ଆଗରୁ କୁହାଯାଇଛି ଯେ ମୌଳିକ ଚେତନାର ପ୍ରତ୍ୟକ୍ଷ ପ୍ରକାଶ କେତେକ ପରିମାଣରେ ଅସମ୍ଭବ, କେତେକ ପରିମାଣରେ ଅବାଞ୍ଛନୀୟ। ତାହାର ବ୍ୟକ୍ତିଗତ ଅଭିବ୍ୟକ୍ତି ପାଇଁ ଏକ ପ୍ରକାର କାୟାଭେଦ ଦରକାର, ଯେଉଁଥି ପାଇଁ ଏକ ଅନ୍ୟ କାୟା ରହିବା ଆବଶ୍ୟକ। ଅଭିଜ୍ଞତା ଅନୁସାରେ ଏ କାୟା ଅବଶ୍ୟ ବଦଳିବ, କିନ୍ତୁ ତା'ର ଗଠନ ପ୍ରଣାଳୀ ଲେଖକର ନିଜସ୍ୱ ନ ହେଲେ ତାହାର ସାହିତ୍ୟିକ ଅବଦାନ ଅସମ୍ଭବ। ଅନ୍ୟ କଥାରେ କହିଲେ ଅଭିଜ୍ଞତାର ରୂପାନ୍ତର ପାଇଁ ସାମଗ୍ରୀ ଲେଖକକୁ ନିଜେ ଖୋଜି ବାହାର କରିବାକୁ ହେବ।

ଏ ସାମଗ୍ରୀ ସାଧାରଣତଃ ଦ୍ୱିବିଧ, ବର୍ଣ୍ଣନାପ୍ରଧାନ ଓ ଭାବପ୍ରଧାନ। ପ୍ରଥମ ବିଭାଗର ସାମଗ୍ରୀ ଅନୁଭୂତି ସହିତ ପ୍ରାୟ ସମାନ୍ତର, ଯଦିଓ ଏକଥା କହିବା ଉଚିତ ନୁହେଁ ଯେ ଏ ଶ୍ରେଣୀ ଦ୍ୱିତୀୟୋକ୍ତ ଶ୍ରେଣୀଠାରୁ ସମ୍ପୂର୍ଣ୍ଣ ପୃଥକ୍। ଦ୍ୱିତୀୟ ବିଭାଗର ସାମଗ୍ରୀ ଅଭିଜ୍ଞତାର ଏକ ଭାବପ୍ରବଣ ଅଭିବ୍ୟକ୍ତି, ଯାହା ଏକ ସ୍ୱତନ୍ତ୍ର ଅଭିଜ୍ଞତା। ଏକ ଦୃଷ୍ଟି-ପ୍ରଧାନ ସଂସ୍କୃତି (ଯାହା ଓଡ଼ିଶାର)ରେ ପ୍ରଥମ ବିଭାଗ ପ୍ରତି ଏକ ଦୁର୍ବଳତା ସ୍ୱାଭାବିକ। ଏ ପ୍ରକାର ସଂସ୍କୃତି ପ୍ରାଚୀନ ଗ୍ରୀସ୍ ଓ ରୋମ୍‌ର ତଥା ନର୍ମାନ୍ ବିଜୟ ପରବର୍ତ୍ତୀ ବ୍ରିଟେନ୍‌ର। ଏ ସଂସ୍କୃତିରେ ନିର୍ମାଣ ଶିଳ୍ପର ଗୁରୁତ୍ୱ ଯଥେଷ୍ଟ, ଯେଉଁଥି ପାଇଁ ହୁଏତ ଗୋଷ୍ଠୀ-ସଂସ୍କୃତି ଦୃଷ୍ଟିଗତ। ଏ ଦିଗରୁ ଦେଖିଲେ ପ୍ରତ୍ୟେକ ସଂସ୍କୃତି ପ୍ରାଥମିକ ଅବସ୍ଥାରେ ଦୃଷ୍ଟିପ୍ରଧାନ, ଯେହେତୁ ସଭ୍ୟତାର ମୌଳିକ ଚାହିଦା ହେଉଛି

ବାସୋପଯୋଗୀ ଗୃହ, ରାସ୍ତା, ଉପାସନାମନ୍ଦିର, ଅଦାଲତ ପ୍ରଭୃତି । ଏସବୁ ମେଣ୍ଟିବା ପରେ ତାହା କାଳକ୍ରମେ ଭାବପ୍ରଧାନ ହୁଏ, ଯେହେତୁ ସମାଜରେ ଏପରି ଏକ ଗୋଷ୍ଠୀ ଆସନ୍ତି ଯେଉଁମାନେ ଜୀବନଧାରଣ ପାଇଁ କାୟିକ ପରିଶ୍ରମ କରିବା ଦରକାର କରନ୍ତି ନାହିଁ ଏବଂ ଯେଉଁମାନଙ୍କର ବଳକା ସମୟ ଯଥେଷ୍ଟ । ଏମାନଙ୍କର ସଂଖ୍ୟା ଓ ପ୍ରଭାବ ଅନୁପାତରେ ସାମାଜିକ ସଂସ୍କୃତି କମ୍ ବା ବେଶୀ ଭାବପ୍ରଧାନ ହୁଏ । ସାଂସ୍କୃତିକ ଦୃଷ୍ଟିରୁ ଓଡ଼ିଶାରେ ଏପରି ଏକ ଗୋଷ୍ଠୀର ଆବିର୍ଭାବ ଅଦ୍ୟାପି ହୋଇନାହିଁ ଯାହା ଫଳରେ ଓଡ଼ିଆ ସଂସ୍କୃତି ଏ ପର୍ଯ୍ୟନ୍ତ ଦୃଷ୍ଟିଗତ ରହିଛି । ଇତିହାସରେ ଅବଶ୍ୟ ଏପରି ସମୟ ଆସିଛି ଯେତେବେଳେ ସାଂସ୍କୃତିକ ଆଭିମୁଖ୍ୟ ଭାବପ୍ରଧାନ ହୋଇଛି, ଯଥା, ପଞ୍ଚସଖା ଯୁଗରେ; କିନ୍ତୁ ମୋଟାମୋଟି ଏପର୍ଯ୍ୟନ୍ତ କୌଣସି ଉଲ୍ଲେଖଯୋଗ୍ୟ ସାମାଜିକ ବିପ୍ଳବ ଘଟି ନ ଥିବାରୁ ପରମ୍ପରାଗତ ଦୃଷ୍ଟିପ୍ରଧାନ ସାଂସ୍କୃତିକ ଆଭିମୁଖ୍ୟ କାଏମ୍ ରହିଛି ।

ଏ ପ୍ରକାର ଆଭିମୁଖ୍ୟରେ କୌଣସି ଗୁରୁତର ସାଂସ୍କୃତିକ ଚେତନା ଅନାବଶ୍ୟକ । ଏ ସଂସ୍କୃତିରେ ଲେଖକ ଅଭିବ୍ୟକ୍ତି ପାଇଁ ଏକ ସ୍ୱତନ୍ତ୍ର ପରିବେଶ ସୃଷ୍ଟି କରେ ନାହିଁ, ଉଦାହରଣ ଓ ଇତିହାସ ଉପରେ ନିର୍ଭର କରେ । ସେଥିପାଇଁ ପାଠକମାନଙ୍କର ସାଧାରଣ ବିଶ୍ୱାସ ଓ ଜ୍ଞାନକୁ ଭିତ୍ତିକରି ତା'ର ବକ୍ତବ୍ୟ ପେଶ୍ କରିବା ଦରକାର ନୁହେଁ ବା କୌଣସି ପ୍ରତୀକ ଜରିଆରେ ଅଭିଜ୍ଞତା ପ୍ରକାଶ କରିବା ବି ଦରକାର ନୁହେଁ । ସେ କେବଳ ଦରକାର କରେ ଏପରି ଏକ କଳ୍ପନାଶକ୍ତି ଯାହା ରୂପକଥା ସୃଷ୍ଟି କରିବାରେ ସକ୍ଷମ, ଏପରି ଏକ ଦକ୍ଷତା ଯାହା ଯତିପାତ ରକ୍ଷାକରି ସମସ୍ତେ ଦେଖୁଥିବା ସକାଳ, ସନ୍ଧ୍ୟା ବା ବର୍ଷାଋତୁ ବର୍ଣ୍ଣନା କରିପାରିବ ଏବଂ ସର୍ବୋପରି, ଏପରି ଏକ ନିର୍ଦ୍ଦିଷ୍ଟ ଶୈଳୀ ସୃଷ୍ଟି କରିବା ଯାହାର ପ୍ରଚଳନ ଆଗରୁ ନ ଥିଲା । ଓଡ଼ିଶାର ଅଧିକାଂଶ ଲେଖକଙ୍କର ଅଭିଳାଷ ଏହା ଯେ ସେମାନେ ସେହି ପଦାଙ୍କ ଅନୁସରଣ କରିବେ । ଫଳତଃ, ଅପେକ୍ଷାକୃତ ନୂତନ ହେଲେ ହେଁ ଆମେ ଅଧିକ ସଫଳ ଉପନ୍ୟାସ ଓ କ୍ଷୁଦ୍ର ଗଳ୍ପ ପାଇବା ସ୍ଥଳେ ଆମର କାବ୍ୟକବିତାର ଦାରିଦ୍ର୍ୟ ଶୋଚନୀୟ ।

ଏ ସମସ୍ୟାର ଏକମାତ୍ର ସମାଧାନ ହେଉଛି ସ୍ୱତନ୍ତ୍ର ଓଡ଼ିଶୀ ସଂସ୍କୃତିର ବ୍ୟାପକ ବୁଝାମଣା । ଏଥିପାଇଁ ଓଡ଼ିଶୀ ସଙ୍ଗୀତ ବା ନୃତ୍ୟର ସ୍ୱାତନ୍ତ୍ର୍ୟ ନେଇ ଆସ୍ଫାଳନ କରିବା କେବଳ ଅନାବଶ୍ୟକ ନୁହେଁ, କ୍ଷତିକାରକ ମଧ୍ୟ । ଏ ପର୍ଯ୍ୟନ୍ତ ଅନୁପସ୍ଥିତ ରାଜନୈତିକ ଓ ଶାସନଗତ ଐକ୍ୟପରେ ଓଡ଼ିଶା ନାମଧେୟ ରାଜ୍ୟ ଏକ ନିଜସ୍ୱ ସଂସ୍କୃତି ଗଢ଼ିବା ଆବଶ୍ୟକ, ଯାହା ପାଇଁ ସାହିତ୍ୟିକମାନଙ୍କର ଦାୟିତ୍ୱ ଖୁବ୍ ବେଶି । ଆମର ସାହିତ୍ୟିକ ଚେତନା ପ୍ରାୟତଃ ଉପକୂଳବର୍ତ୍ତୀ ଜିଲ୍ଲାମାନଙ୍କର ସଂସ୍କୃତି ଉପରେ ପ୍ରତିଷ୍ଠିତ; ତାହା

ନିଶ୍ଚୟ ବିଶାଳ, କିନ୍ତୁ ବସି ଖାଇଲେ ନଈବାଲି ସରେ ଓ ଓଡ଼ିଶାରେ ଅନ୍ୟାନ୍ୟ ସଂସ୍କୃତି ମଧ୍ୟ ଅଛି। ଆଦିବାସୀମାନଙ୍କର ସଂସ୍କୃତି ସମ୍ପର୍କରେ ଆମର ବୁଝାମଣା ଖୁବ୍ କମ୍ ଓ ବର୍ତ୍ତମାନ ବୁଝା ନ ଗଲେ ତାହା ପୂରାପୂରି ବିଲୁପ୍ତ ହୋଇଯିବାର ଭୟ ରହିଛି। ଅଭିଜ୍ଞତାର ପରିସର ବିସ୍ତୃତ ହେଲେ ବ୍ୟକ୍ତିଗତ ଅଭିବ୍ୟକ୍ତି ଅପେକ୍ଷାକୃତ ସହଜସାଧ୍ୟ ହେବ, କାରଣ ଅଭିଜ୍ଞତାର ସାହିତ୍ୟିକ ରୂପାନ୍ତର ପାଇଁ ସାମଗ୍ରୀ ସହଜରେ ମିଳିପାରିବ।

ଓଡ଼ିଶାରେ ସାହିତ୍ୟ ସୃଷ୍ଟିର କଷ୍ଟକାରୀତା ପାଇଁ ଯେଉଁ କାରଣଗୁଡ଼ିକ ଦାୟୀ ଭାରତୀୟ କ୍ଷେତ୍ରରେ ମଧ୍ୟ ସେଗୁଡ଼ିକ ଊଣାଅଧିକ ଭାବେ କାଏମ୍। ଆମର ଆଲୋଚନାରେ ସାଂସ୍କୃତିକ ଚେତନାର ଗୁଣ ସାହିତ୍ୟର ପ୍ରଧାନ ନିୟାମକ ରୂପେ ଗୃହୀତ ହୋଇଛି। ଆମର ଇତିହାସରେ ଏହି ଚେତନା ସହିତ ଧର୍ମର ପ୍ରଭାବ ଘନିଷ୍ଠଭାବେ ଜଡ଼ିତ ଏବଂ ଭାରତୀୟ ଧର୍ମର ଗୁଣ ବ୍ୟକ୍ତିର ଉଚ୍ଚାକାଙ୍କ୍ଷାର କ୍ରମବିକାଶ ନୁହେଁ ବା ତା'ର ଅନାବିଷ୍କୃତ ପ୍ରବୃତ୍ତିମାନଙ୍କର ରହସ୍ୟଭେଦ ନୁହେଁ, ବରଂ ଏପରି ଏକ ଆଦର୍ଶ ପରିସ୍ଥିତିର କଳ୍ପନା ଯେଉଁଥିରେ ବ୍ୟକ୍ତିତ୍ୱର ଚିରନ୍ତନ ଅବସାନ ପାଇଁ ସମସ୍ତ ତ୍ୟାଗ ଓ ପରିଶ୍ରମ ଅତି ନଗଣ୍ୟ ମୂଲ୍ୟ। ଏହା ତୁଳନାରେ ପ୍ରାଚୀନ ଗ୍ରୀକ୍ ଓ ରୋମାନ୍ ଧର୍ମ ବ୍ୟକ୍ତିକୁ ଅଧିକ ସମ୍ମାନ ଦିଅନ୍ତି ଏବଂ ଯଦିଓ ନିୟତି ମନୁଷ୍ୟର କ୍ରୂର ଓ ଅନିବାର୍ଯ୍ୟ ଭାଗ୍ୟନିୟନ୍ତା ଭାବରେ ଗୃହୀତ ଓ ତା' ବିରୁଦ୍ଧରେ ବ୍ୟକ୍ତିର ପ୍ରତିରୋଧ ପରିଶେଷରେ ଅର୍ଥହୀନ, ବ୍ୟକ୍ତିର ଜୀବଦ୍ଦଶାରେ ତାହା ତାକୁ ଅପରିଚିତ ଅନେକ ଅବସ୍ଥାର ସମ୍ମୁଖୀନ କରାଏ। ଅନେକ ବଳବତ୍ତର ଶକ୍ତିମାନଙ୍କର ପ୍ରତିରୋଧଦ୍ୱାରା ତା'ର ମନୁଷ୍ୟତା ମାର୍ଜିତ ଓ ଦୁଃଖଦ୍ୱାରା ଗୌରବାନ୍ୱିତ ହୁଏ ଏବଂ ତା'ର ମୃତ୍ୟୁପରେ ମଧ୍ୟ ସେ ଏହି ଗୁଣଗୁଡ଼ିକର ସମୂହ ସ୍ମରଣଦ୍ୱାରା ଭବିଷ୍ୟତର ଚେତନାକୁ ପ୍ରଭାବନ୍ୱିତ କରେ। ଖ୍ରୀଷ୍ଟଧର୍ମରେ ମଧ୍ୟ ଉପରୋକ୍ତ ଭାବର ସୁଦୃଶ୍ୟ ପ୍ରଭାବ ରହିଚି, ଯଥା:- ସୃଷ୍ଟିର ପ୍ରାରମ୍ଭରେ ମନୁଷ୍ୟର ପତନ ଓ ଉକ୍ତ ପତନ ଜରିଆରେ ବ୍ୟକ୍ତି-ନିୟତି ସମ୍ପର୍କ, ପୁରୁଷ-ନାରୀ ସମ୍ପର୍କ ଓ ସର୍ବୋପରି ମନୁଷ୍ୟର ଅନେକ ମାନସିକ ଦ୍ୱିଧାର ଏକ ବ୍ୟାଖ୍ୟା ରହିଛି। ଖ୍ରୀଷ୍ଟଧର୍ମରେ ଅନେକ ସମୟରେ ମନୁଷ୍ୟ ଭଗବାନଙ୍କର ବିଚାରର ମଙ୍ଗଳକାରିତା ଗ୍ରହଣ କରି ନାହିଁ ଏବଂ ଖ୍ରୀଷ୍ଟଧର୍ମରେ ଭଗବାନ ପ୍ରାଚୀନ ଗ୍ରୀସ୍‌ର ଦେବାତାମାନଙ୍କଠାରୁ ଅଧିକ କରୁଣାସମ୍ପନ୍ନ ହେଲେ ହେଁ ଆମର ବର୍ତ୍ତମାନ ଆଲୋଚ୍ୟ ବିଷୟବସ୍ତୁ ତଦ୍ୱାରା ବିଶେଷ ପରିବର୍ତ୍ତିତ ହେଉ ନାହିଁ। ଏଠାରେ କହି ରଖିବା ଦରକାର ଯେ ଏ ଆଲୋଚନାର ବିଭିନ୍ନ ଧର୍ମମାନଙ୍କର ତୁଳନାତ୍ମକ ଉତ୍କର୍ଷ ଆଲୋଚିତ ହେଉ ନାହିଁ, ଏବଂ ଧର୍ମର ମୂଳ ଉଦ୍ଦେଶ୍ୟମାନଙ୍କର ସାଧନ ଦିଗରେ ସନ୍ତୋଷଜନକଭାବେ କୃତକାର୍ଯ୍ୟ କୌଣସି ଧର୍ମ ସାହିତ୍ୟ ସୃଷ୍ଟି ପାଇଁ ଦରକାର ସାଂସ୍କୃତିକ ଚେତନାର ଉତ୍ସ

ବା ନିୟାମକ ଭାବରେ ଅସଫଳ ହେଲେ ସେଥିରେ ଆଶ୍ଚର୍ଯ୍ୟ ହେବାର କିଛି ନାହିଁ। ଏହା ମଧ୍ୟ ସ୍ୱୀକାର୍ଯ୍ୟ ଯେ ତୁଳନାତ୍ମକ ବର୍ଣ୍ଣନା ଭାବରେ ଆମର ଆଲୋଚନା ଖୁବ୍ ଉପରଠାଉରିଆ ଯାହା ବିଭିନ୍ନ ଧର୍ମମାନଙ୍କର ଗୂଢ଼ତର ସତ୍ୟମାନଙ୍କ ପ୍ରତି ନ୍ୟାୟ କରୁନାହିଁ। ଆମେ କିନ୍ତୁ ଏଠାରେ ଧର୍ମତତ୍ତ୍ୱ ଆଲୋଚନା କରୁନାହୁଁ ଓ ଧର୍ମମକୁ ସାହିତ୍ୟିକ ପ୍ରଚେଷ୍ଟାର ଏକ ଆନୁସଙ୍ଗିକ ଅଙ୍ଗ ଓ ଏକ ଜନପ୍ରିୟ ପ୍ରଭାବ ଭାବରେ ଦେଖୁଛୁ। ଏହି ଦୃଷ୍ଟିରୁ ଧର୍ମର ଅନ୍ୟାନ୍ୟ କାର୍ଯ୍ୟକଳାପ ଓ ବ୍ୟକ୍ତିର ସୂକ୍ଷ୍ମତର ଅଭିଳାଷମାନଙ୍କର ଧର୍ମଦ୍ୱାରା ପରିପୋଷକତା ଏ ଆଲୋଚନାର ଅନ୍ତର୍ଭୁକ୍ତ ନୁହନ୍ତି। ଆମର ଆଲୋଚନାର ଉପରୋକ୍ତ ସୀମା ବିଷୟରେ ସଚେତନ ରହି ଏତକ କୁହାଯାଇପାରେ ଯେ, ୟୁରୋପରେ ଧର୍ମର ପରମ୍ପରାଦ୍ୱାରା ସାହିତ୍ୟ ସୃଷ୍ଟି ପାଇଁ ଦରକାର ସାଂସ୍କୃତିକ ଚେତନା ଯେତେ ସମୃଦ୍ଧ, ଭାରତୀୟ ଧର୍ମର ପରମ୍ପରାର ଅବଦାନ ସେ ଦିଗରେ ଅପେକ୍ଷାକୃତ କମ୍। ଭାରତୀୟ ଧର୍ମରେ ବ୍ୟକ୍ତି ତା'ର ବ୍ୟକ୍ତିତ୍ୱ ପାଇଁ ଲଜ୍ଜିତ ହେଲାପରି ଜଣାପଡ଼େ ଏବଂ ତା'ର ଚରମ ଲକ୍ଷ୍ୟ ହେଉଛି ବ୍ୟକ୍ତିତ୍ୱର ବିନାଶ ଯାହା ଉତ୍ତାରୁ କୌଣସି ପୁନରୁତ୍‌ଥାନର ପରିକଳ୍ପନା ନାହିଁ ଏବଂ ଯାହା ଆତ୍ମସମ୍ପୂର୍ଣ୍ଣ। ଏହା ଅବଶ୍ୟ ସତ ଯେ ଭାରତୀୟ ଧର୍ମ ଆତ୍ମାର ଅବିନାଶିତା ସ୍ୱୀକାର କରେ, ମାତ୍ର ଏହି ଆତ୍ମାର ଗୁଣ ବ୍ୟକ୍ତି ନିର୍ବିଶେଷରେ ସମାନ ଓ ଏକ ଉଚ୍ଚତର ଆଦର୍ଶର ଗୁଣମାନଙ୍କଦ୍ୱାରା ତାହା ନିର୍ଦ୍ଦିଷ୍ଟ। ଫଳତଃ ଦୈନନ୍ଦିନ ଜୀବନ ପ୍ରକ୍ରିୟାରେ ଆତ୍ମା ଏକ ବାହ୍ୟ ପ୍ରଭାବ ଯାହାକୁ କେହି ନିଜର କହିପାରିବ ନାହିଁ ଏବଂ ତା' ଉପରେ ଏତେ ବେଶି ଗୁରୁତ୍ୱ ଦିଆଯାଇଛି ଯେ ବ୍ୟକ୍ତିର ଦୃଷ୍ଟିରେ ତା'ର ଦୈନନ୍ଦିନ ଜୀବନ ଅତି ଗୌଣ। ତାହା ଏପରି ଏକ ଅବସ୍ଥା ଯାହା ଭିତର ଦେଇ ବ୍ୟକ୍ତିକୁ ଅବଶ୍ୟ ଯିବାକୁ ହେବ ଏବଂ ଯେତେ ଶୀଘ୍ର ଏ ଯାତ୍ରା ସରେ ସେତେ ଭଲ। ଏ ଦୃଷ୍ଟିକୋଣରେ ବ୍ୟକ୍ତିର ସ୍ଥାନ ନିର୍ଦ୍ଦିଷ୍ଟ ଓ ତା'ର ଆଭିମୁଖ୍ୟରେ ପରୀକ୍ଷାର ବିଭିନ୍ନତା ନାହିଁ। ଊଣା ଅଧିକେ ପ୍ରତ୍ୟେକ ଧର୍ମ ସଂସାରର ପାର୍ଥିବତା ସ୍ୱୀକାର କରନ୍ତି, କିନ୍ତୁ ସେ ପାର୍ଥିବତାର ମୂଲ୍ୟ ବିଭିନ୍ନ ଧର୍ମରେ ଅଲଗା ଓ ଭାରତୀୟ ଧର୍ମରେ ସେ ମୂଲ୍ୟ ଏତେ କମ୍ ଯେ ତା' ଉପରେ ସମୟ ନଷ୍ଟ ନ କରାଯିବା ଉଚିତ।

ଜୀବନର ଏ ପ୍ରତ୍ୟାଖ୍ୟାନର ଏକ ପ୍ରତ୍ୟକ୍ଷ ପରିଣାମ ଏହା ଯେ ବ୍ୟକ୍ତିତ୍ୱର ସୀମା ଅତି ସ୍ପଷ୍ଟ ଓ ସଂକୀର୍ଣ୍ଣ ହୋଇପଡ଼େ ଯାହା ସାହିତ୍ୟ ସୃଷ୍ଟିରେ ନୂତନତା ବା ଆବିଷ୍କାରକୁ ଅନୁପ୍ରାଣିତ କରେ ନାହିଁ। ଅଳ୍ପରେ କହିଲେ ସାହିତ୍ୟ ମନୁଷ୍ୟର ଅବସ୍ଥାର ଏକ ବ୍ୟାଖ୍ୟା ଏବଂ ସାଂସ୍କୃତିକ ଚେତନାରେ ଉକ୍ତ ଅବସ୍ଥାର ପରିସର ଯେତେ କମ୍ ସାହିତ୍ୟର ସମ୍ଭାବନା ସେତେ ବେଶି ସୀମାବଦ୍ଧ। ସାହିତ୍ୟିକ ପକ୍ଷରେ ମନୁଷ୍ୟକୁ ଏକ ଚିରଆଶ୍ଚର୍ଯ୍ୟ ଦୃଷ୍ଟିରେ ସବୁବେଳେ ଦେଖିବାକୁ ହେବ, ସତେ ଯେପରି ତାହା ଏକ

ପ୍ରଥମ ଦର୍ଶନ। ନିଜର ପରିପାର୍ଶ୍ୱ ପ୍ରତି ମନୁଷ୍ୟର ପ୍ରତିକ୍ରିୟା ସବୁବେଳେ ପରିବର୍ତ୍ତନଶୀଳ ଏବଂ କୌଣସି ନିର୍ଦ୍ଦିଷ୍ଟତାକୁ ସ୍ୱୀକାର କରିନେବା ଫଳରେ ମନୁଷ୍ୟର ସମୁଦାୟତାର କେତୋଟି ଅଂଶ ପ୍ରତି ଉଦାସୀନ ରହିବାକୁ ହୁଏ। ସଭ୍ୟତାର ବ୍ୟାପ୍ତି ସହିତ ଜୀବନ ଧାରଣରେ ବିଭିନ୍ନତା ବୃଦ୍ଧି ପାଇଛି ଏବଂ ବିଭିନ୍ନ ପରିବେଶରେ ମନୁଷ୍ୟକୁ ବିଶ୍ଳେଷଣ କରି ତା'ର ମୋଟାମୋଟି ଆଭିମୁଖ୍ୟ କଳ୍ପନା କରିବାର ଦାୟିତ୍ୱ ସାହିତ୍ୟିକ ଉପରେ ନ୍ୟସ୍ତ। ଏଥିପାଇଁ ଦରକାର ଅନୁସନ୍ଧାନ ପ୍ରବୃତ୍ତି ଓ ବିଶ୍ଳେଷଣାତ୍ମକ ଦୃଷ୍ଟିଭଙ୍ଗୀ। ଭାରତୀୟ ଧର୍ମର ପରମ୍ପରାଠାରୁ ଆଶାନୁରୂପ ପ୍ରେରଣା ଉପରଲିଖିତ କାରଣମାନଙ୍କ ପାଇଁ ମିଳିପାରିବ ନାହିଁ ଯାହା ଫଳରେ ଅନ୍ୟାନ୍ୟ ସାହିତ୍ୟମାନଙ୍କ ତୁଳନାରେ ଆମର ସାହିତ୍ୟ ଶିଶୁସୁଲଭ ହେବାର ଆଶଙ୍କା ରହିଛି। ଏ ଅନୁସନ୍ଧାନର ମୂଲ୍ୟ ବର୍ତ୍ତମାନ ଅପେକ୍ଷାକୃତ ବେଶି ଯେହେତୁ ଯେଉଁ କେତେକ କ୍ଷେତ୍ରରେ ଅତୀତରେ ଧର୍ମର ପ୍ରଭାବ ଉଚ୍ଚ ସାହିତ୍ୟର ସୃଷ୍ଟି ପାଇଁ ଯଥେଷ୍ଟ ହେଉଥିଲା ତାହା ଆସ୍ତେ ଆସ୍ତେ କମିଯାଉଛି ଏବଂ ଏକ ବ୍ୟକ୍ତିଗତ ପ୍ରେରଣା ଭାବରେ ଧର୍ମ କ୍ରମଶଃ ଦ୍ୱିତୀୟ ସ୍ତରର ହୋଇଯାଉଛି। ଏହାର ଏକକାଳୀନ ସ୍ଥାନ ପୁନରୁଦ୍ଧାର କରିବାର ଚେଷ୍ଟାରେ କିଛି ଅର୍ଥ ନାହିଁ ଯେହେତୁ, ଯେତେ ପ୍ରିୟ ହେଉନା କାହିଁକି, ପ୍ରତ୍ୟେକ ମୂଲ୍ୟର କାଳକ୍ରମେ ଅନ୍ୟାନ୍ୟ ମୂଲ୍ୟମାନଙ୍କ ପାଇଁ ସ୍ଥାନ ପରିତ୍ୟାଗ ସଭ୍ୟତାର ଏକ ଗୁଣ। ସୁତରାଂ ବର୍ତ୍ତମାନ ଧର୍ମର ସ୍ଥାନ ସାହିତ୍ୟିକ ଅନୁସନ୍ଧାନ ପ୍ରବୃତ୍ତିକୁ ନେବାକୁ ପଡ଼ିବ ଏବଂ ବିଶ୍ୱାସର ଦୃଢ଼ତା ବଦଳରେ ସନ୍ଧାନର ନିଷ୍ଠା ଓ କ୍ଲେଶ ନେଇ ଆମକୁ ସନ୍ତୁଷ୍ଟ ହେବାକୁ ପଡ଼ିବ। ମନୁଷ୍ୟର ଦ୍ରୁତ ପରିବର୍ତ୍ତନଶୀଳତା (ଯାହାର କାରଣ ଏହା ଯେ ଅପେକ୍ଷାକୃତ ଅଳ୍ପ ସମୟ ଭିତରେ ତାକୁ ଖୁବ୍ ବେଶି ଅଭିଜ୍ଞତା ଭିତରେ ଦେଇ ଯିବାକୁ ପଡୁଛି) ଫଳରେ ତା'ର ଚିନ୍ତାଧାରାର, ଭାବପ୍ରବଣତାର ଓ ବିଭିନ୍ନ ବସ୍ତୁଙ୍କ ପ୍ରତି ଦୃଷ୍ଟିଭଙ୍ଗୀର ଅନେକ ମୌଳିକ ପରିବର୍ତ୍ତନ ହୋଇଛି, ଯେଉଁ ପରିବର୍ତ୍ତନ ଦ୍ୱାରା ତା'ର ଭବିଷ୍ୟତର ପ୍ରତିକ୍ରିୟା ନିରୂପିତ ହେଉଛି। ଯଦି ସାହିତ୍ୟିକ ଚେତନା ବର୍ତ୍ତମାନ ଭାବି ବସେ ଯେ ଏ କ୍ଷିପ୍ର ପରିବର୍ତ୍ତନ ପରେ ମନୁଷ୍ୟ ଦିନେ ନା ଦିନେ ତା'ର ପୂର୍ବତନ ସ୍ଥାନକୁ ଫେରିଆସିବ ଏବଂ ପ୍ରତ୍ୟାବର୍ତ୍ତନର ଆଭିମୁଖ୍ୟ ହିଁ ଚିରନ୍ତନ, ତେବେ ଖୁବ୍ ବଡ଼ ଭୁଲ୍ କରାଯାଉଛି, କାରଣ ପ୍ରତ୍ୟାବର୍ତ୍ତନ ଅସମ୍ଭବ, ତାକୁ ଆମେ ପସନ୍ଦ କରୁ ବା ନ କରୁ।

ଭାରତୀୟ ପରମ୍ପରାରେ ଏହି ସ୍ୱୀକାର ଅପେକ୍ଷାକୃତ କଷ୍ଟକର ଯେହେତୁ ଏତଦ୍ୱାରା ବ୍ୟକ୍ତିତ୍ୱର ସୀମାବଦ୍ଧତା ବଦଳରେ ତା'ର କ୍ରମବର୍ଦ୍ଧିଷ୍ଣୁ ପରିସର ଆପେ ଆପେ ସ୍ୱୀକୃତ ହୁଏ। ସୁତରାଂ ଏ ପରମ୍ପରାର ପ୍ରଭାବରୁ ସମ୍ପୂର୍ଣ୍ଣ ମୁକ୍ତ ନ ହେବା ପର୍ଯ୍ୟନ୍ତ ସାହିତ୍ୟିକ ପକ୍ଷରେ ଗତାନୁଗତିକତା-ଯାହା ସ୍ଥଳବିଶେଷରେ ଆଶ୍ଚର୍ଯ୍ୟଜନକ

ଭାବେ ମାର୍ଜିତ ଓ ଅସ୍ପଷ୍ଟ ମଧ୍ୟ ହୋଇପାରେ–ବ୍ୟତୀତ ଅନ୍ୟ ବାଟ ନାହିଁ ଯାହାଫଳରେ ସେ ଅନେକ ଦକ୍ଷ ମାତ୍ର ମୃତ ପୂର୍ବପୁରୁଷଙ୍କର ଏକ ପ୍ରେତଭାବରେ ଆମର ସାହିତ୍ୟିକ ଇତିହାସରେ ସ୍ଥାନ ଗ୍ରହଣ କରେ। ତା' ପକ୍ଷରେ କୌଣସି ସତ୍ୟ ସମ୍ବନ୍ଧରେ ଅବଗତ ହେବା ପ୍ରାୟ ଅସମ୍ଭବ, କାରଣ ସେ ନିଜେ ତା'ର ଚେତନାକୁ ସଂକୀର୍ଣ୍ଣ କରିଦେଇଥାଏ। ଏଠାରେ ସତ୍ୟ ବାସ୍ତବତା ଅର୍ଥରେ ବ୍ୟବହୃତ ହେଉଛି ଏବଂ ସାହିତ୍ୟ (ତଥା କଳାର ଅନ୍ୟାନ୍ୟ ବିଭାଗ)ରେ ନୂତନ ବାସ୍ତବତାର ସାମ୍ନାସାମ୍ନି ହେବା ଓ ସେହି ପରିସ୍ଥିତି ଜରିଆରେ ବ୍ୟକ୍ତିତ୍ୱର ନୂତନ ସଂଜ୍ଞା ଦେବାଦ୍ୱାରା ହିଁ ସାହିତ୍ୟର ଗୁଣ ନିର୍ଦ୍ଦିଷ୍ଟ ହୁଏ। ଇଚ୍ଛାକୃତ ଭାବେ ଏ ପରିସ୍ଥିତିରୁ ଆଡ଼େଇଗଲେ ମାନବିକ ପରିସ୍ଥିତିର ପରିବର୍ତ୍ତନଶୀଳ ସତ୍ୟଗୁଡ଼ିକର ମୂଲ୍ୟ ସମ୍ବନ୍ଧରେ ଉଦାସୀନ ରହିବାକୁ ହୁଏ ଯାହା କୌଣସି ଦେଶର ସାହିତ୍ୟ ପକ୍ଷରେ ଏକ ମସ୍ତବଡ଼ ତ୍ୟାଗ। ଏହା ବି ଖୁବ୍ ବଡ଼ ତ୍ୟାଗ ଯେ ତା'ର ପ୍ରବୀଣ ଶିଳ୍ପୀମାନେ ପାଠକମାନଙ୍କୁ ଜୀବନର ଏପରି ଏକ ବ୍ୟାଖ୍ୟା ଦେବେ ଯାହା ଅସାମୟିକ ଓ ସଂକୀର୍ଣ୍ଣ। ସାହିତ୍ୟିକ ଚେତନାର ଏ ଅସାମୟିକତା ଫଳରେ ସାହିତ୍ୟ ଲୋକଜୀବନଠାରୁ ବିଚ୍ଛିନ୍ନ ହୋଇପଡ଼େ ଓ ନାନାଦି ଅବାସ୍ତବ କାଳ୍ପନିକତାଦ୍ୱାରା ପୂର୍ଣ୍ଣ ହୁଏ ଯାହା ପ୍ରତି ବିଶ୍ୱସ୍ତତା ଯୋଗୁଁ ସାହିତ୍ୟିକ ମଧ୍ୟ ସମାଜର ବାହାରେ ରହିଯାଏ। ଲୋକଙ୍କ ଉଦାସୀନତା ଅପେକ୍ଷା ସାହିତ୍ୟିକର ଅସାମାଜିକତା ଓ ଦୁର୍ବଳ ଲୋକସମ୍ପର୍କ ସାହିତ୍ୟର ଆଧୁନିକ ଦୁରବସ୍ଥା ପାଇଁ ବେଶି ପରିମାଣରେ ଦାୟୀ। ଅବଶ୍ୟ ଅନେକ ପଣ୍ଡିତ ଏ ଦୁରବସ୍ଥାର କାରଣ ବିଶ୍ୱାସର ଅଭାବ, ଆଧୁନିକ ଜୀବନର ଅପରିହାର୍ଯ୍ୟ ଅବସ୍ଥା ଇତ୍ୟାଦିରେ ଦେଖନ୍ତି; ହୁଏତ ତାହା ଆଂଶିକ ଭାବେ ସତ; କିନ୍ତୁ ଘଟଣାର ପୂର୍ଣ୍ଣାଙ୍ଗ ପରୀକ୍ଷା ପାଇଁ ଆମକୁ ସାହିତ୍ୟିକର କର୍ମପ୍ରଣାଳୀକୁ ଦେଖିବାକୁ ହେବ। ସାଧାରଣ ଜୀବନରେ ଧର୍ମ ଓ ପ୍ରତ୍ୟକ୍ଷ ଦାର୍ଶନିକତାର ମୂଲ୍ୟ ନାନାଦି କାରଣବଶତଃ କମିଯିବାରୁ ସର୍ବତ୍ର ସେ ଶୂନ୍ୟସ୍ଥାନ ପୂରଣ କରିବା ପାଇଁ ସାହିତ୍ୟ ଅଗ୍ରସର ହୋଇଛି ଯାହା ଫଳରେ ସାହିତ୍ୟ ଆଉ ରୂପକଥା ବା ଭାବପ୍ରବଣ କବିତା ନ ହୋଇ କ୍ରମଶଃ ଗୂଢ଼ତର ଜୀବନବୋଧର ବାହକ ହେଉଛି, ଯେଉଁ ଦାୟିତ୍ୱ ଦିନେ ଧର୍ମର ବା ଦର୍ଶନର ଥିଲା। ପ୍ରାୟ ପ୍ରତ୍ୟେକ ପ୍ରସିଦ୍ଧ ୟୁରୋପୀୟ ସାହିତ୍ୟିକମାନେ ଏକ ଗଭୀର ଦାର୍ଶନିକ ଭାବଦ୍ୱାରା ଉଦ୍‌ବୁଦ୍ଧ ଏବଂ ଅନେକ ସମୟରେ ଏକ ନୂତନ ଦର୍ଶନତତ୍ତ୍ୱର ପଥ ପ୍ରଦର୍ଶକ ମଧ୍ୟ (ଯେମିତି ଡଷ୍ଟୋଭସ୍କି ହୋଇଛନ୍ତି ଏକ୍‌ଜିଷ୍ଟେନ୍‌ସିଆଲିଜମ୍‌ର)। ଏହା ସହିତ ସେମାନଙ୍କର ସାମାଜିକତା, ଅର୍ଥାତ୍ ଗୋଷ୍ଠୀର ଦୈନନ୍ଦିନ ରାଜନୈତିକ, ଅର୍ଥନୈତିକ ଓ ସାଂସ୍କୃତିକ ଜୀବନ ସହିତ ସମ୍ପର୍କ ଆଶାତୀତ ଭାବେ ସମୃଦ୍ଧ ଏବଂ ସାହିତ୍ୟେତର କେତେକ କ୍ଷେତ୍ରରେ ସେମାନେ ମୁଖ୍ୟ ଲୋକ। ଏକ ଦର୍ଶନଧର୍ମୀ ସାହିତ୍ୟିକ ପକ୍ଷରେ

ତୀକ୍ଷ୍ଣ ଅନ୍ତର୍ଦୃଷ୍ଟିର ଉତ୍ତରୋତ୍ତର ଉନ୍ନତି କରିବା ଦରକାର ହେଲେ ହେଁ ତା'ର ସାମାଜିକତା ଯୋଗୁଁ ସେ ଅନ୍ତର୍ଦୃଷ୍ଟି ତଥା ପରିଣାମ ସ୍ୱରୂପ ସ୍ପଷ୍ଟ ସାହିତ୍ୟ ସମସାମୟିକ ଗୋଷ୍ଠୀ-ଜୀବନଠାରୁ ବିଚ୍ଛିନ୍ନ ହେବା ଫଳରେ ଅବାସ୍ତବ ନୁହେଁ, ବରଂ ସମ୍ପର୍କର ଆନ୍ତରିକତା ଫଳରେ ବାସ୍ତବ ଓ ମୂଲ୍ୟବାନ୍।

ଯେଉଁ କେତୋଟି ଆନ୍ଦୋଳନ ବା ପରିବର୍ତ୍ତନଦ୍ୱାରା ଆମର ପରମ୍ପରାର ଗୁଣଗତ ପାର୍ଥକ୍ୟ ଆସନ୍ତା, ତା'ର ସମ୍ଭାବନା କ୍ଷୀଣ। ଆମର ଶିକ୍ଷା ପଦ୍ଧତିର ସାହିତ୍ୟ ପାଠସୂଚୀରେ ଭାବପ୍ରବଣ ମୂଲ୍ୟବୋଧଦ୍ୱାରା ଏବଂ ଅନେକ କ୍ଷେତ୍ରରେ ଶସ୍ତା ଆଦର୍ଶବାଦଦ୍ୱାରା ଉଦ୍‌ବୁଦ୍ଧ ସାହିତ୍ୟ ପୂର୍ଣ୍ଣ। ଏହା ସହିତ ଦୀର୍ଘକାଳସ୍ଥାୟୀ ପରିଚୟଦ୍ୱାରା ଏବଂ ଆଧୁନିକ ସାହିତ୍ୟର ଅଧ୍ୟୟନ ବା ଅଧ୍ୟାପନାର ଅଭାବଦ୍ୱାରା ଛାତ୍ରର (ଆଜିର ଶିଶୁ କାଲିର ଜନକ) ଅଚେତନରେ ସୁ-କବିତାର ସଂଜ୍ଞା ନିରୂପିତ ହୁଏ ଏବଂ ଯାହା ପାଠ୍ୟ ତାହା ପ୍ରାୟ ମଧ୍ୟଯୁଗୀୟ ହୋଇଥିବାରୁ ଛାତ୍ର ଯୁଗୋପଯୋଗୀ ଚିନ୍ତାରୁ ଅଲଗା ରହେ। ଅଳ୍ପରେ କହିଲେ ଆମ ଜୀବନର ଉର୍ବରତମ କାଳରେ ଶିଖାଯାଉଥିବା କବିତା ବହୁତ ପୁରୁଣା ପାଣିର ପୋଖରୀପରି, ଯେଉଁଥିରେ ସଜପତ୍ରଟେ ପଡ଼ିବା ମାତ୍ରେ ଶଢ଼ିଯିବ।

ତା'ଛଡ଼ା ଊନବିଂଶ ଶତାବ୍ଦୀରେ ଭାରତୀୟ ଚେତନାର ଜାଗରଣ, ଯେଉଁଥିରୁ ବହୁତ କିଛି ଆଶା କରାଯାଇଥିଲା, ପରିଶେଷରେ ତା'ର ସ୍ଖଳନଦ୍ୱାରା ଆମକୁ ନିରାଶ କଲା କାରଣ ତାହା ଅତି ଶୀଘ୍ର ଏକ ଧର୍ମପୁନରୁତ୍‌ଥାନ ଆନ୍ଦୋଳନ ଭିତରେ ନିଶ୍ଚିହ୍ନ ହୋଇଗଲା। ଆଧୁନିକତା ସହିତ ଧର୍ମର ସମନ୍ୱୟର ଦୁଆ ଦେଇ ଏ ଆନ୍ଦୋଳନ ଯେଉଁମାନଙ୍କୁ ନିଜ ଆଡ଼କୁ ଟାଣିନେଲା ତାଙ୍କ ଭିତରୁ କେତେକ ନୂତନ ସୃଜନଶୀଳ ଚେତନା ଦ୍ୱାର ଅସ୍ଥିର ଭାରତୀୟମାନଙ୍କ ପାଇଁ ଦିଗନିର୍ଣ୍ଣୟ କରିପାରିଥାନ୍ତେ। ଯେଉଁମାନେ ଏହାର ବଶବର୍ତ୍ତୀ ହେଲେ ସେମାନେ ଏ ଧର୍ମ ପୁନରୁତ୍‌ଥାନର ଆଗକୁ ଦେଖିଲେ ନାହିଁ। ସେମାନେ ହୁଏତ ନେତୃତ୍ୱ ଦେଇଥାନ୍ତେ, କିନ୍ତୁ ସେମାନଙ୍କ ମନରେ ଧାରଣା ହେଲା ଯେ ନେତୃତ୍ୱ ବା ଦିଗନିର୍ଣ୍ଣୟ ସେମାନେ ହିଁ ସର୍ବାଧିକ ଦରକାର କରୁଛନ୍ତି। ସେ ସମୟରେ ଅଧିକାଂଶ ଆନ୍ଦୋଳନ କେବଳ ଏହି ମନୋବୃତ୍ତିଦ୍ୱାରା ଅନୁପ୍ରାଣିତ ଯାହା ଧର୍ମଭାବର ପୁନରୁଦ୍ରେକରେ ସକଳ ସମ୍ଭବ ପ୍ରଗତି ଦେଖୁଥିଲା। ଏ ମନୋବୃତ୍ତି ଦେଶ ବିଦେଶରେ ବିଶେଷ ସମ୍ମାନିତ ମଧ ହେଲା କାରଣ ଧର୍ମର ପ୍ରାଧାନ୍ୟ ହ୍ରାସ ଯୋଗୁଁ ପୂର୍ବ ଓ ପଶ୍ଚିମ ଏକ ସଙ୍କଟରେ ଜଡ଼ିତ, ଏହାଠାରୁ ଅଧିକ ଆକର୍ଷଣୀୟ ତତ୍ତ୍ୱ ସମସାମୟିକ ଉଦାରବାଦ ପକ୍ଷରେ ଆଉ କ'ଣ ଥିଲା? ଏ ସମ୍ମାନ ଲାଭ ପରେ ଉପରୋକ୍ତ ବ୍ୟାଖ୍ୟାରେ ବିଶ୍ୱାସ ବଳବତ୍ତର ହେଲା ଯଦିଓ ଆମର ସମସ୍ୟା ଥିଲା ଏକ ସାମାଜିକ ଓ ଚେତନାଗତ ଅଭ୍ୟୁତ୍‌ଥାନ।

ଏ ସମସ୍ୟା ମଧ୍ୟରେ ଭାରତୀୟ ସାହିତ୍ୟକୁ ନିଜର ବାଟ ଖୋଜି ବାହାର କରିବାକୁ ହେବ, ଯଦି ତା'ର ଉଦ୍ଦେଶ୍ୟ ଏହା ଯେ ଭାରତୀୟ ସାହିତ୍ୟ ସମୃଦ୍ଧ ହେଉ। ଏ ବାଟ ବିଭିନ୍ନ ସାହିତ୍ୟିକଙ୍କ ପକ୍ଷରେ ଅଲଗା ହେବ, କିନ୍ତୁ, ମୁଁ ଭାବୁଛି, ଉପରେ ଯେଉଁ ସାମାନ୍ୟକଥନ କରାଯାଉଛି ତାକୁ ଭିତ୍ତି କରି ଏକ ମାନସିକ ଦ୍ୱନ୍ଦ୍ୱ ସର୍ବାଦୌ ଦରକାର। ଏହି ଦ୍ୱନ୍ଦ୍ୱ ଏବଂ ଚେତନାଗତ ସଂଘର୍ଷ ଭିତରେ ମନୁଷ୍ୟ ସର୍ବାଧିକ ସୃଜନଶୀଳ ଯେତେବେଳେ ଏକ ଭାବପ୍ରଧାନ ବିରୋଧାଭାସ ଭିତରେ ତା'ର ଆଭିମୁଖ୍ୟକୁ ଗତି କରିବାକୁ ପଡ଼େ। କିନ୍ତୁ ସଂଘର୍ଷ କେବଳ ସେହି ମନୋବୃତ୍ତିଦ୍ୱାରା ଗ୍ରାହ୍ୟ ଯାହା ପକ୍ଷରେ (କ) ସଂଘର୍ଷର ପରିଣାମ ସଂଘର୍ଷ ଅପେକ୍ଷା ଅଧିକ ମୂଲ୍ୟବାନ, ଓ (ଖ) ସଂଘର୍ଷର ସମାଧାନ ପାଇଁ ଦୈନନ୍ଦିନ ଜୀବନର କୌଶଳ ଅପେକ୍ଷା ଯାହାକୁ ଡାଭିଡ୍ ଡାଇକ୍ସ୍ "ସାହିତ୍ୟର ଉତ୍ତର" କହନ୍ତି ତାହା ସ୍ପୃହଣୀୟ। ଉପରୋକ୍ତ ଧରଣର ସଂଘର୍ଷ ଅତିଶୀଘ୍ର କବିତା ପାଇଁ ଉପଯୁକ୍ତ ରୂପ ଆବିଷ୍କାର କରିପାରିବ ଯେଉଁ ରୂପଦ୍ୱାରା ଅଭିଜ୍ଞତା ପୂରାପୂରି ସଞ୍ଚାଳିତ ହୋଇପାରିବ। ଉପରୋକ୍ତ ସଂଘର୍ଷ ଫଳରେ ଲେଖକର ଚିତ୍ତବୃତ୍ତି ମୋଟାମୋଟି ସେହି ଢଙ୍ଗ ଧରେ ଯାହା ତା'ର ବର୍ଣ୍ଣନୀୟ ବିଷୟର ନିଜସ୍ୱ। ସୁତରାଂ ଅନୁକରଣରେ (କଳା=ଅନୁକରଣ) ବିଶେଷ କିଛି ଅସୁବିଧା ହୁଏ ନାହିଁ ଓ ସେ ଅନୁକରଣକୁ ସନ୍ତୋଷଜନକ ଅବୟବ ଭିତରେ ରଖିବା କଷ୍ଟକର ହୁଏ ନାହିଁ। ସନ୍ତୋଷଜନକ ରୂପ ଆସିବା ପରେ ପାଠକର ଚିତ୍ତବୃତ୍ତି ସେହି ଢଙ୍ଗ ଧରେ ଯାହା ଲେଖକର ଚିତ୍ତବୃତ୍ତିର ଏବଂ ଯାହା ବର୍ଣ୍ଣନୀୟ ବିଷୟର ନିଜସ୍ୱ। ସୁତରାଂ ସାହିତ୍ୟିକ କୃତିତ୍ୱ ଏ ସଂଘର୍ଷର ପରିଚାଳନାରେ ନିହିତ ଓ ପାଠକର ସାହିତ୍ୟଠାରୁ ଆଡ଼େଇଯିବା ଅପେକ୍ଷା ସାହିତ୍ୟିକ ପକ୍ଷରେ ଆଉ କୌଣସି ଅଭିଯୋଗ ଗୁରୁତର ନୁହେଁ।

ମୁଁ କ୍ରମଶଃ ବେଶୀ କହିବାକୁ ଆରମ୍ଭ କରୁଥିବାରୁ ଏ ଆଲୋଚନାକୁ ହଠାତ୍ ବନ୍ଦ ରଖିବା ଉଚିତ, କିନ୍ତୁ ତା' ପୂର୍ବରୁ ଏ କବିତାଗୁଡ଼ିକ ବିଭିନ୍ନ ସଂଖ୍ୟାରେ ପ୍ରକାଶ କରିଥିବାରୁ ଝଙ୍କାର, ଆସନ୍ତାକାଲି, ତରଙ୍ଗ ଓ ପ୍ରଜାତନ୍ତ୍ରର ସମ୍ପାଦକମାନଙ୍କୁ ମୋର କୃତଜ୍ଞତା ଜଣାଉଛି। ପ୍ରତ୍ୟେକ କବିତାର ଟିପ୍‌ପଣୀ ଭାବରେ ତା'ର ପୂର୍ବ ପ୍ରକାଶର ବିବରଣୀ ଲେଖିବା ମୋ ପକ୍ଷରେ ସମ୍ଭବ ହେଉ ନାହିଁ, କାରଣ ବହି ଛପା ହେଲାବେଳେ ମୁଁ ଛାପାଖାନା ଠାରୁ ଦୂରରେ ଅଛି।

ରମାକାନ୍ତ ରଥ

BLACK EAGLE BOOKS

www.blackeaglebooks.org
info@blackeaglebooks.org

Black Eagle Books, an independent publisher, was founded as a nonprofit organization in April, 2019. It is our mission to connect and engage the Indian diaspora and the world at large with the best of works of world literature published on a collaborative platform, with special emphasis on foregrounding Contemporary Classics and New Writing.

www.ingramcontent.com/pod-product-compliance
Lightning Source LLC
Chambersburg PA
CBHW020541080526
44583CB00013B/937
* 9 7 8 1 6 4 5 6 0 4 1 4 3 *